Franz Weselmann

Dryden als Kritiker

Inaugural-Dissertation zur Erlangung der philosophischen Doktorwürde

Franz Weselmann

Dryden als Kritiker
Inaugural-Dissertation zur Erlangung der philosophischen Doktorwürde

ISBN/EAN: 9783743377127

Hergestellt in Europa, USA, Kanada, Australien, Japan

Cover: Foto ©Thomas Meinert / pixelio.de

Manufactured and distributed by brebook publishing software (www.brebook.com)

Franz Weselmann

Dryden als Kritiker

Dryden als Kritiker.

Inaugural-Dissertation

zur Erlangung der philosophischen Doktorwürde

an der

Georg-August's-Universität zu Göttingen

von

Franz Weselmann

aus Harburg a. d. Elbe.

Mülheim a. d. Ruhr.
Druck von Ernst Marks
1893.

Professor Dr. Alois Brandl

Dryden ist im England der Restauration derjenige gewesen, welcher die bedeutendste dramatische Technik besaß, am meisten über diese Technik nachdachte und mit der anerkanntesten Autorität urteilte. Er ist keine große Persönlichkeit, daher kein großer Dichter, und auch die Kunstkritik hat er eigentlich nicht weiter gebracht. Er sprach indes zusammenhängend und am besten aus, was seine englischen Zeitgenossen nur gelegentlich äußerten, und er ist so für die historische Entwicklung der englischen Kunstkritik jedenfalls von Wichtigkeit. Auch in die Zukunft hat er gewirkt, denn was er schriftlich und mündlich lehrte, wurde später von Addison und Steele popularisiert.

Im Grunde hat Dryden trotz seiner gelegentlichen gegenteiligen Äußerungen den Regeln der Alten und der französischen Nachbarn gehorcht und gehuldigt. Aristoteles und Longin, Horaz und Quintilian sind für ihn Autoritäten, an deren Meinung man nicht rütteln darf. Von den französischen Kritikern werden Corneille, Montaigne, Boileau, Rapin und der zu Drydens Zeit oftgenannte René le Bossu, ein Geistlicher, der im Jahre 1631 geboren wurde und einen „Traité du Poëme Épique" geschrieben hat, in den Werken Drydens oft zitiert.

Auf die Ansichten älterer englischer Kritiker*) ist er weniger oft eingegangen. Unter den Zeitgenossen der Königin Elisabeth ist es besonders Sir Philip Sidney, der von Dryden genannt wird. Neben ihm findet Samuel Daniel Erwähnung, ein Zeitgenosse Shakespeares, der eine „Defence of Rhyme" 1602 verfaßt hat. Als Autorität für das heroische Drama spielt auch der Name D'Avenants eine Rolle. Gern geht Dryden auf die Ansichten von Cowley ein. Gelegentlich bezieht er sich auch auf den „Essay on Translated Verse" des Earl of Roscommon und den „Essay on Poetry" des John Sheffield, Duke of Buckingham. Von seinen Zeitgenossen erwähnt er außerdem noch Collier und den Philosophen Hobbes, wobei er dem ersteren gegenüber die Rolle des Besiegten spielt, der den Edelmut des Siegers um Schonung anfleht.

Das Abhängigkeitsverhältnis Drydens zu den genannten bedeutenden und unbedeutenderen Kritikern darzulegen ist der Hauptzweck der folgenden Arbeit.

Erwähnung muß noch der Umstand finden, daß Dryden oft, besonders wo es sich um die kritische Betrachtung der Werke Shakespeares, Ben Jonsons, Beaumonts und Fletchers handelt, den Namen Thomas

---

*) Ueber diese vergl. die inzwischen erschienene Abhandlung von Felix Schelling, Poetic and verse criticism of the reign of Elizabeth (Publications of the University of Pennsylvania vol. 1) Philadelphia 1891.

Rymer's erwähnt, der ein Werk: „The Tragedies of the las Age, examined and considered" 1678 verfaßt hat. Trotz mannig facher Anfragen bei den deutschen Bibliotheken ist mir dies Werk un erreichbar geblieben.

Was die Zitate betrifft, habe ich für die Vorreden und Abhand lungen zu Drydens Dramen die Ausgabe von Congreve benutzen müssen, in der sie, mit Ausnahme des „Essay of Heroick Poesy" leider nicht paginiert sind. Ich habe daher die Seitenzählung selbst vornehmen müssen; die betreffende Ziffer bezeichnet hier also immer di Seite der Abhandlung oder Vorrede, nicht die Seite des Bandes.

Diejenigen kritischen Darlegungen Drydens, welche sich nicht in de Dramenausgabe finden, sind nach der Ausgabe der „Poetical Works" von Jos. Warton und John Warton, London 1811 zitiert Hier ist im Zitat vor der Bandzahl jedesmal „Poetical Works" hinzu gefügt.

Auch an dieser Stelle möchte ich schließlich nicht versäumen, Herrn Professor Dr. Brandl, meinem verehrten früheren Göttinger Lehrer für seine mannigfache Anregung und Unterstützung meinen herzlichsten Dank auszusprechen.

Benutzte Bücher.

The Dramatick Works of John Dryden, Esq. in Six Volume (ed. by W. Congreve). London 1735.
The Poetical Works of John Dryden, Esq. ed. by Jos. Warton John Warton etc. London 1811. 4 vol.
Dryden, by G. Saintsbury, London 1881.
Sir Philip Sidney's Astrophel and Stella und Defence of Poesie herausgegeben von Dr. Ewald Flügel. Halle a. S. 1889.
The Complete Works in Verse and Prose of Samuel Daniel, ed by the Rev. Alexander B. Grosart. In four Volumes. 1885
Puttenham: The Arte of English Posie (1589) in Arber's Engl Reprints Nr. 15. 1869.
The Works of Ben Jonson, ed. by Peter Whalley, vol. 1–7 London 1756.
The Works of William D'Avenant, London 1673.
The Complete Works in Verse and Prose of Abraham Cowley ed. by the Rev. Alexander B. Grosart. In two Vol. 1881.
The Works of John Sheffield: Earl of Mulgrave, Marquis o Normanby and Duke of Buckingham. In two Volumes The Third Edition, Corrected. London 1740.
The Poetical Works of Went. Dillon, Earl of Roscommor Edinburg 1780.
Thomas Hobbes: The English Works, collected and edited b William Molesworth. Vol. 1—11. London 1839—1845.
Thomas Hobbes: quae latine scripsit omnia, studio et labor Gulielmi Molesworth, 5 vol. London 1839—1845.
John Donne: Letters, London 1651, Poems, London 1650.

The Rehearsal (London 1672) in den „Engl. Reprints" No. 10. 1868.
Collier: A Short View of the Immorality and Profaneness of the English Stage. London 1699.
Thomas Rymer: A Short View of Tragedy. London 1693.
Les Essais de Michel de Montaigne, Édition publiée par Le Clerc. Paris 1836. 2 vol.
Les Grands Ecrivains de la France, Nouvelle Edition. P. Corneille. Paris 1862.
Œuvres complètes de Molière. Paris 1878.
Théâtre complet de Racine par L. S. Auger. Paris.
Œuvres de Boileau par C. A. Sainte Beuve. Paris.
L'Art Poétique de Boileau, herausgegeben von F. Schwalbach. Berlin 1877.
Traité du Poëme Épique. Par le R P. Le Bossu. Paris 1675.
Les Oeuvres du P. Rapin. Amsterdam 1709. 2 vol.
Aristoteles, Buch von der Dichtkunst, übersetzt und mit Anmerkungen versehen von M. Johann Jakob Meno Balett. Leipzig 1803.
Longin, vom Erhabenen, mit Anmerkungen und einem Anhange von Joh. Georg Schlosser, Leipzig 1781.
Horatii Ars Poetica, translated by the Earl of Roscommon. Dublin 1743.
M. Fabii Quintiliani De Institutione Oratoria Libri Duodecim.... recensuit et annotatione explanavit Georg Ludovicus Spalding. 6 vol. Lipsiae 1798 etc.
Dr. Karl Borinski: Die Poetik der Renaissance und die Aufgabe der literarischen Kritik in Deutschland. Berlin 1866.
A. W. Ward: History of English Dramatic Literature. London 1875.
J. Hettner: Geschichte der englischen und französischen Literatur (1660 bis 1760.) Braunschweig, 1881.
Ferdin. Lotheißen: Geschichte der französischen Literatur im siebzehnten Jahrhundert. Wien 1877.
Nouvelle Biographie Générale, publiée par M M. Firmin. Paris 1866.
Dr. F. Ohlsen: Dryden as a Dramatick and Critic. Progr. der Realschule zu Altona. 1883.
Joh. Diekmann: On Dryden's Virgil. Progr. d. höheren Bürgerschule zu Crefeld. 1876.
Jobertag: Zu John Dryden. I. Dryden's Theorie des Dramas. „Englische Studien". IV.
Holzhausen: Dryden's heroisches Drama. „Englische Studien". XIII.
Ott: Über das Verhältnis des Lustspieldichters Dryden zur gleichzeitigen französischen Komödie, insbesondere zu Molière. Programm der Studienanstalt zu Landshut. 1889.
Sanzner: John Dryden als Übersetzer altklassischer Dichtungen. I. Vergil's Aeneis Jnaug.-Diss. Breslau 1888.
Vergl. auch:
Delius, im „Jahrbuch der deutschen Shakespeare-Gesellschaft". Vierter Jahrgang. S. 6—40.

Da der Verfasser während des Druckes des ersten Bogens sich keinen Einblick in die zitierten Werke verschaffen konnte, sind einige Versehen bei den Zitaten vorgekommen, welche im Folgenden berichtigt werden.

Es mußte heißen:

S. 2: bei dem Zitat aus Horaz statt v. 288 f.: v. 268 f.
S. 2: bei dem Zitat aus Bossu statt p. 5: p. 3 (in der Ausgabe verdruckt).
S. 7: bei dem ersten Zitat aus Aristoteles statt Kap. VI: Kap. IV.
S. 8: bei dem Zitat aus der Vorrede zu den „Fables" statt S. 30: S. 20 f
S. 13: bei dem ersten Zitat aus Longin statt S. 230 ff.: S. 232 ff.
S. 14: bei dem ersten Zitat aus Horaz statt caduntque: cadentque.
S. 17: bei dem letzten Dryden entlehnten Zitat statt S. 525: S. 524 f.

Ferner ist:

S. 1 in dem Zitat aus dem „Rehearsal", hinter Perseus: Montaigne, Seneca's Tragedies, und S. 11 in dem zweiten Zitat aus Horaz hinter serendis der Vers: Hoc amet, hoc spernat, promissi carminis auctor,

einzuschieben.

I. Allgemeine poetische Grundsätze.

Wie auf politischem und religiösem Gebiete, so hat Dryden auch auf dem der Kunstbeurteilung nur selten eine Ansicht gehegt, die vom Ueberkommenen oder damals Zeitgemäßen abzuweichen wagte. Wo er einmal unabhängig von den großen Kritikern seiner eigenen oder vergangener Tage vorzugehen scheint, ist seine Ansicht jedenfalls selten originell, sondern eher durch Vermittlung mündlicher Auseinandersetzung auf den täglichen Verkehr mit seinen Zeitgenossen zurückzuführen.

Daß bereits ein großer Teil der Zeitgenossen über Dryden's Originalität, wenigstens in betreff seiner poetischen Erzeugnisse so urteilte, geht aus einigen Stellen im Rehearsal (1671, von Buckingham) hervor.

Auf Seite 31 hat Dryden unter der Maske von Bayes folgendes zu sagen:

B.: "As thus, J come into a coffe-house, or some other place where wittie men resort, J make as if J minded nothing (do you mark?) but as soon as any one speaks, pop, J slap it down, and make that, too, my own."

Und weiter auf derselben Seite und Seite 33:

Smith: "But pray, Mr. Bayes, among all your other Rules, have you no one Rule for Invention?

B.: Yes Sir; that's my third Rule that J have here in my pocket.

Smith: What Rule can that be?

B.: Why Sir, when J have any thing to invent, J never trouble my head about it, as other men do; but presently turn o'er this Book, and there J have, at one view all that Perseus, Horace, Juvenal, Claudian, Pliny, Plutarch's lives; and all the rest, have ever thought, upon this subject: and so, in a trice, by leaving out a few words, or putting in others of my own, the business is done."

§ 1.
Die Wichtigkeit feststehender Regeln für die Dichtkunst.

Es ist daher zu erwarten, daß Dryden für die überkommenen Regeln literarischer Kritik eine große Achtung bezeigt.

Wie allen denjenigen, die sich zu seiner Zeit mit Kritik befaßten, gilt ihm zunächst das von Aristoteles und Horaz; in dieser Beziehung festgesetzte für durchaus maßgebend.

In seiner „Apology for Heroick Poetry and Poetick License" (Bd. IV S. 6 der Vorrede zu „State of Innocence" 1674) sagt er: „Aristotle rais'd the Fabrick of his Poetry from observation of those things, in which Euripides, Sophocles, and Aeschylus pleased. He considerd how they rais'd the passions, and thence has drawn rules for our Imitation."

Und in der Widmung zu „All for Love" (1677—8) führt er zur Stütze seines Festhaltens an den Regeln der Griechen den Ausspruch des Horaz (Bd. IV S. 9 d. Vorrede) an:

> . . . . „Vos exemplaria Graeca
> Nocturna versate manu, versate diurna"
> (Horaz, De Arte Poetica V. 288 f.)

In ausführlicher Weise verbreitet sich Dryden über die Notwendigkeit feststehender Regeln bei Abfassung und Beurteilung eines poetischen Erzeugnisses in der Vorrede zu „Troilus and Cressida" 1679, die er „The Grounds of Criticism in Tragedy" betitelt. Da sagt er, daß Aristoteles samt dessen Interpretatoren Horaz und Longinus Autoren sind, denen er manches verdankt. Außerdem äußert er sich in der Widmung, welche dieser Vorrede vorangeht und an den Earl of Sunderland gerichtet ist, mit den weitergehenden Worten: „The Application to English Authors is my own, and therein perhaps I may have err'd unknowingly: But the Foundation of the Rules is Reason, and the Authority of those living Criticks who have had the Honour to be known to you Abroad, as well as of the Ancients, who are not less of your Aquaintance" (Bd. V. S. 7 d. Widmg.)

Es unterliegt keinem Zweifel, daß mit den lebenden Kritikern, welche sich der Bekanntschaft des Earl of Sunderland erfreuten, niemand anders als Le Bossu, Rapin und auch wohl Boileau gemeint sind, deren Werke in dieser Vorrede wiederholt citiert werden.

Bezüglich Bossu hier eine Stelle, die sich allerdings auf das Trauerspiel im Besonderen bezieht. Dryden sagt nämlich in derselben Vorrede (S. 8):

> „After all, if any one will ask me, whether a Tragedy cannot be made upon any other Grounds, than those of exciting Pity and Terror in us. Bossu, the best of modern Criticks, answers thus in general: „That all excellent Arts, and particularly that of Poetry, have been invented and brougt to Perfection by Men of a transcendent Genius: and that therefore they who practise afterwards the same Arts, are oblig'd to tread in their Footsteps, and to search in their Writings the Foundation of them: For it is not just that new Rules should destroy the Authority of the old."

Die Aeußerungen Le Bossus finden sich in „Traité du Poëme Epique" Tome 1. p. 5 und lauten:

> „Il est vrai que les hommes de notre temps peuvent avoir de l'esprit comme en ont eu les Anciens, et que dans ces choses qui dépendent du choix et de l'invention, ils peuvent avoir aussi des imaginations justes et heureuses,

mais ce seroit une injustice de prétendre que les Règles nouvelles dé truisent celles de nos premiers Maitres" etc., wobei wenigstens der Wortlaut des Schlußsatzes von D r y d e n genau eingehalten ist.

In derselben Vorrede zu „Troilus and Cressida" verbreitet sich D r y d e n noch ein Mal (S. 24) über die Notwendigkeit fester Regeln. Er wendet sich dabei gegen diejenigen, welche solche Regeln für eine Art Schulmeistervorschrift halten, und macht gegen sie die Autorität R a p i n s geltend. „If the Rules be well consider'd, lauten seine Worte, we shall find them to be made only to reduce Nature into Method, to trace Step by Step, and not suffer the least Mark of her to escape us: 'tis only by those, that Probability in Fiction is maintain'd, which is the Soul of Poetry: they are founded upon good Sense, and sound Reason, rather than on Authority, for though Aristotle and Horace are produc'd, yet no Man must argue, that what they write is true, because they writ it; but 'tis evident, by the ridiculous Mistakes and gross Absurdities, which have been made by those Poets who have taken their Fancy only for their Guide, that if this Fancy be not regulated, 'tis a meer Caprice, and utterly incapable to produce a reasonable and judicious Poem."

Daß diese Stelle nichts als eine freie Uebersetzung ist, ergiebt sich, wenn man die entsprechende Stelle in den Werken R a p i n s (Tome II. p. 126 f.) vergleicht:

„Je dis seulement, qu'à bien considérer ces regles, on trouvera qu'elles ne sont faites que pour reduire la nature en methode, pour la suivre pas à pas: et pour n'en laisser échapper aucun trait. Ce n'est que par ces regles, qu'on peut établir la vraysemblance dans la fiction, qui est l'ame de la Poësie . . . . . estant comme elles sont fondées sur le bon sens et sur la raison, plus que sur l'autorité et sur l'exemple. La Poëtique d'Horace, qui n'est qu'une interpretation de celle d'Aristote fait assez voir la necessité qu'il y a d e s'assujettir à des regles par les égaremens ridicules, où l'on est sujet de tomber, quand on ne suit que son genie. Car quoy que la Poësie soit un ouvrage de genie: toute fois si ce genie n'est reglé, ce e n'est qu'un pure caprice qui n'est capable de produire rien de raisonnable".

Die Dichtkunst aber, deren Jünger sich solchen für diese Kunst allgemein anerkannten Regeln zu unterwerfen haben, hat nicht das Vergnügen zu ihrem einzigen Zweck. Sie soll vor allem moralische Lehren erteilen. Und zwar finden ihre Belehrungen im Unterschiede zu denen der Philosophie durch Beispiel statt. „To instruct delightfully is the general End of all Poetry" sagt D r y d e n in der Vorrede zu Troilus and Cressida (Bd. V. S. 7): „Philosophy instructs, but it performs its Work by Precept, which is not delightful, or not so delightful as example."

Schon H o r a z, den ja D r y d e n bei anderen Gelegenheiten so oft citirt, spricht sich im Allgemeinen in diesem Sinne aus:

„Aut prodesse volunt, aut delectare poetae.
Aut simul et jucunda et idonea dicere vitae" (D. A. P. V. 333 f.)

Aristoteles und viele Andere hatten sich ähnlich geäußert. Doch scheint es, besonders da Dryden schon vorher einmal, in der Widmung zu den „Rival Ladies", sich auf Sidneys „Defence of Poesie" bezieht, daß die Ausführungen des letzteren nicht ohne Einfluß auf ihn geblieben sind.

Mit Rücksicht auf das Verschiedene in der belehrenden Wirksamkeit des Philosophen und des Dichters sagt Sidney auf Seite 18 seiner berühmten Defence of Poesie (gebr. 1595):

„Now dooth the peerlesse Poet performe both, for whatsoeuer the Philosopher saith should be done, hee giueth a perfect picture of it by some one, by whom he presupposeth it was done, so as he coupleth the generall notion with the particuler example."

Und weiter auf Seite 28:

„For euen those hard hearted euill men who thinke vertue a schoole name, and know no other good, but indulgere genio, and therefore despise the austere admonitions of the Philosopher, and feele not the inward reason they stand upon, yet will be content to be delighted, which is al the good fellow Poet seemeth to promise; and so steale to see the forme of goodnes, (which scene, they cannot but loue) ere themselues be aware, as if they tooke a medicine of Cheries."

§ 2.
Auflandsgrenzen.

Hiermit ist die Art Drydens als Kritiker bereits zu errathen: er ist klassisch-französisch, doch ohne auf seine heimischen Traditionen ganz zu verzichten.

Was, wie und von wem er gelernt hat, bleibt doch des näheren Zusehens werth. Im Uebrigen ist bereits begonnen worden, sein Programm zu erörtern. Ich fahre jetzt in sachlicher Reihenfolge darin fort.

Mochte Dryden immerhin von dem hohen Berufe der Dichtkunst überzeugt sein — in der Wahl seiner Beispiele, die zu Moral und Frömmigkeit führen sollen, ist er jedenfalls nicht glücklich gewesen. Er hat, wie er selbst einmal sagt, dem Zeitgeschmacke Rechnung getragen. Weit schlüpfriger als selbst ein Stück wie „Limberham" sind indessen seine Prologe. Gleich in seinem ersten Lustspiele, dem „Wild Gallant" 1662 leistet er in dem Prologe, welchen er für die Wiederaufführung des Stückes verfaßte, das Möglichste. Auch später, im Prolog zu „An Evening's Love" 1668, giebt er ein Beispiel von cynischer Schlüpfrigkeit, wie es frecher nicht gedacht werden kann.

Späterhin scheint er wenigstens die Notwendigkeit einzusehen, seine allzu lockere Schreibweise zu entschuldigen.

„'Tis true," sagt er jetzt in der Vorrede zu „All for Love" 1678 (Bd. IV. S. 3.), „some Actions, though Natural, are not fit to be represented; and broad obscenities in Words, ought in good Manners to be avoided: Expressions therefore are a modest Clothing of our Thoughts" . . . .

Aber er fährt fort (auf derf. Seite):

„If I have kept myself within the Bounds of Modesty, all beyond it is but Nicety and Affectation: which is no more but Modesty depraved into a Vice."

Da Dryden zur Zeit der Abfassung dieser Vorrede, wie aus der „Apology for Heroick Poetry and Poetick License" hervorgeht, mit den Werken des französischen Kritikers Rapin schon bekannt war, so ist es nicht unmöglich, daß ihn die ähnliche Aeußerung dieses Kritikers zu solcher Einkleidung seiner Entschuldigung veranlaßt hat.

Die Stelle lautet bei Rapin (Tome II p. 147):

„On est tombé depuis dans une autre extrémité par un soin trop scrupuleux de la pureté du langage: car on commença d'oster à la Poesie sa force et son élevation, par une retenüe trop timide, et par une fausse pudeur dont on s'avisa de faire le caractère de notre langue, pour lui oster toutes ses hardiesses sages et judicieuses que demande la vraye Poësie" . . . . .

Dryden verschmäht es auch nicht, in diesem Falle (auf derf. S. 3 der Vorrede) zu seiner Vertheidigung eine Autorität heranzuziehen, deren Geltung er gewiß war: Montaigne.

Der betreffende Ausspruch des letzteren bezieht sich zwar nicht auf die Poesie im Besonderen; indes bot er dem englischen Schriftsteller willkommene Gelegenheit, sich hinter ihn zurückzuziehen.

Das Citat ist wörtlich und unter Beibehaltung der französischen Sprache von Dryden entlehnt.

„Nous ne sommes que ceremonie: la ceremonie nous emporte, et laissons la substance des choses: Nous nous tenons aux branches, et abandonnons le tronc et le corps. Nous avons appris aux dames de rougir, oyans seulement nommer ce qu'elles ne craignent aucunement à faire: Nous n'osons appeler à droit nos membres, et ne craignons pas de les employer à toute sorte de debauche. La ceremonie nous defend d'exprimer par paroles les choses licites et naturelles, et nous l'en croyons: la raison nous defend de n'en faire point d'illicites et mauvaises, et personne ne l'en croid."

(Essais, Tome II. p. 1 f.)

Eine ähnliche, wenig von Reue zeugende Sprache führt Dryden auch noch in der Vorrede zu seinen „Translations from Theocritus, Lucretius and Horace" (Poetical Works, II. S. 523):

Er habe, sagt er hier, das vierte Buch des Lucrez einfach aus dem Grunde übersetzt und so übersetzt, weil es ihm gefiel; denn auch er sei noch nicht über die Zeiten hinweg, wo ihm die Warnungen des von ihm übersetzten Autors vor den Gefahren der Liebe nutzen könnten.

Ob Dryden dann gegen das Ende seiner Laufbahn seine Ansichten über diesen Punkt selber geändert hat, oder ob er notgedrungen infolge der Angriffe Colliers (A short View of the Immoralty and Profaneness of the English Stage. 1698) das früher Gesagte widerrufen mußte, mag füglich gefragt werden; besonders da in dem Werke Colliers Dryden den Hauptanteil an den tadelnden Bemerkungen davongetragen hatte. Beispielsweise macht Collier auf Seite 9 dem „Spanish Fryar" folgenden Vorwurf, der an Deutlichkeit nichts zu wünschen übrig läßt:

„...And the Royal Leonora in the Spanish Fryar runs a strange Length in the History of Love . . . Are these the „Tender Things" Mr. Dryden says the Ladies call on him for? J suppose the Ladies that are too Modest to shew their Faces in the Pit. This Entertainment can be fairly design'd for none but such. Indeed it hits their Palate exactly . . . . . Now, to bring Woman under such Misbehaviour, is Violence to their Native Modesty, and a Misrepresentation of their Sex. For Modesty, as Mr. Rapin*) observes, is the Character of Women."

Auch der Ungläubigkeit in religiösen Dingen und der Verspottung des geistlichen Standes wird Dryden von Collier auf das heftigste angeklagt. Seite 68 heißt es bei Collier wörtlich:

„...And since the Poet is pleas'd to find fault with Christianity, let us examine his own Scheme : Our minds (says he) are perpetually wrought on by the Temperament of our Bodies, which makes me suspect they are nearer Allied than either our Philosophers nor School-Divines will allow them to be. The meaning is, he suspects our Souls are nothing but Organiz'd Matter: or, in plain English, our Souls are nothing but our Bodies."

Daß infolge dieser Angriffe Drydens Zerknirschung wenigstens äußerlich eine völlige war, zeigt sich in der Vorrede zu den „Fables" 1700. Nachdem er versichert hat, daß diese Fabeln, wenigstens nach seinem besten Wissen und Wollen, nichts enthielten, was als anstößig gelten könne, fährt er auf Seite 18 der Vorrede (Poetical Works, Vol. III) folgendermaßen fort:

„...J wish J could affirm with a safe conscience, that J had taken the same care in all my former writings: for it must be owned, that supposing verses are never so beautiful or pleasing, yet if they contain any thing which shocks religion or good manners, they are at best what Horace says of good numbers without good sense:

Versus inopes rerum, nugaeque canorae."

Auf Seite 32 derselben Vorrede verspricht er dann Besserung:

„.,But J will no more offend against good manners : J am sensible, as J ought to be, of the scandal J have given by my loose writings, and make what reparation J am able, by this public acknowledgment."

Daß Collier es gewesen ist, der ihn gezwungen hat, seine früherer Ansichten über die Grenzen des Erlaubten in der Poesie wenigstens von der Welt zu ändern, sagt Dryden selber am Schluß der erwähnten Vorrede (Poetical Works Bd. III S. 43):

„J shall say the less of Mr. Collier, because in many things he has taxed me justly; and J have pleaded guilty

---

*) Alle Welt citiert damals Rapin. Wie oft steht er in den moralischen Wochenschriften!

to all thoughts and expressions of mine, which can be truly argued of obscenity, profaneness or immorality; and retract them. If he be my enemy, let him triumph; if he be my friend, as I have given him no personal occasion to be otherwise, he will be glad of my repentance."

§ 3.
Das Häßliche.

Wie Dryden in seinen Stücken die Grenze des in sittlicher Beziehung Erlaubten etwas weit gezogen hat, so spricht er an anderer Stelle auch die Meinung aus, daß das körperlich Abstoßende sehr wohl Gegenstand künstlerischer Darstellung sein könne.

Dryden verteidigt in der Vorrede zu „Tyrannic love" 1669 die Häßlichkeit des Bildes, welches er von Maximian gezeichnet, mit dem Argumente: „there is as much of Art and as near an Imitation of Nature in a Lazar as in a Venus" (S. 2 der Vorrede Bd. II).

Vielleicht hat ihm der betreffende Ausspruch des Aristoteles vorgeschwebt. In seinem Buch von der Dichtkunst (im Kapitel IV) sagt nämlich der griechische Kritiker:

„Zwei und dazu natürliche Ursachen scheinen die Dichtkunst hervorgebracht zu haben, das Nachahmen, welches allen Menschen von Kindheit an eigen ist . . . . und das Vergnügen, welches wir insgesammt an Nachahmungen finden. Dieses erfährt man schon an den Werken der bildenden Künste. Denn was unserm Anblick an sich zuwider ist, das betrachten wir doch in einer sehr getreuen Nachbildung mit Vergnügen, wie z. B. die Bilder scheußlicher wilder Thiere und entseelter Körper".

§ 4.
Anlage und Anlernen.

Wie fast alle diejenigen, welche über Dichtkunst geschrieben haben, drückt sich auch Dryden dahin aus, daß der Dichter als solcher geboren werden muß.

So in der Vorrede zu „Troilus and Cressida" (Bd. V S. 16). Für den von der Natur bestimmten Dichter ist es dann aber durchaus erlaubt, wie Dryden in der Widmung zum „State of Innocence" weiter ausführt, nach äußerem Erfolge zu streben. Denn durch die Lust berühmt zu werden erwacht in ihm der Wunsch zu gefallen (S. 1 der Ep. Ded. Bd. IV).

Schon Aristoteles hat dem Dichter (im achtzehnten Kapitel) etwas dieser Art zugestanden:

„In den Glückswechseln und einfachen Handlungen erreichen diese Dichter etwas, wonach sie sehr streben, nämlich den Zweck, Bewunderung zu erregen; ein edles und menschenfreundliches Gefühl."

Montaigne, den ja Dryden ebenfalls des Oefteren citirt, hält direkt die persönliche Eitelkeit und das Streben nach Ruhm für völlig vereinbar mit dem Dichterberufe.

Nötig ist indes auch für den geborenen Dichter die Liebe zu den Wissenschaften. Ein Feind des Studiums, hebt Dryden in der Widmung zu seiner Komödie „The Assignation" hervor (S. 10, Ab. III), kann nie ein wahrer Dichter sein: eine Ansicht, die natürlich schon die alten Kunstkritiker vertreten und erst einige Romantiker bezweifelt haben. An erster Stelle kommt es für den Dichter darauf an, sich den Grundgedanken, den er in sein Kunstwerk hineinlegen will, vollkommen klar zu machen; dann hat er sich die verschiedenen Situationen und Beispiele auszudenken, durch die er jenen Grundgedanken hervortreten läßt; und endlich muß er die sprachliche Einkleidung des Ganzen ins Auge fassen.

Dryden drückt dies Dreifache in dem „Account" vor „Annus Mirabilis" folgendermaßen aus:

„So then the first happiness of the poet's imagination is properly invention or finding of the thought; the second is fancy, or the variation, deriving or moulding of that thought as the judgment represents it proper to the subject; the third is elocution, or the art of cloathing and adorning that thought, so found and varied, in apt, significant and sounding words; the quickness of imagination is seen in the invention, the fertility in the fancy and the accuracy in the expression" (Poetical Works Vol. I. p. 84)

Was den letzten Punkt betrifft so wendet sich Dryden später, in der Vorrede zu den „Fables" (Poetical Works Vol. III S. 20) gegen Hobbes, dessen Philosophie er zwar, wie aus vielen Aeußerungen hervorgeht, zu der seinigen gemacht hat, dessen kunstkritischen Ansichten er aber hier nicht zuzustimmen vermag.

Dryden sagt:

„He (Hobbes) tells us that the first beauty of an epic poem consists in diction, that is, in the choice of words, and harmony of numbers; now, the words are the colouring of the work, which in the order of nature is last to be considered. The design, the disposition, the manners, and the thoughts, are all before it: where any of those are wanting or imperfect, so much wants or is imperfect in the imitation of human life; which is the very definition of a poem."

Dieser Widerstand bezieht sich auf eine Stelle in der vor der Ilias= übersetzung des Philosophen befindlichen Vorrede (English Works, Vol. X p. III IV). Hobbes sagt hier:

„For he that can judge what is best must have considered all those things, though they be almost innumerable, that concur to make the reading of an heroic poem pleasant. Where of I'll name as many as shall come into my mind. And they are contained, first, in the choice of words. Secondly in the construction. Thirdly, in the contrivance of the story or fiction. Fourthly in the elevation of the fancy. Fifthly, in the justice and impartiality of the sentiment. Sixthly, in the clearness of descriptions, Seventhly, in the amplitude of the subject" etc.

Im Gegensatz zu Hobbes und ganz in ähnlicher Weise wie Dryden spricht sich Rapin aus, der offenbar dem englischen Kritiker als Stütze für seine Ansichten gedient hat.

§ 5.

Einbildungskraft.

Das zweite Moment, das bei der Ausarbeitung in Frage kommt, liegt nach Dryden in der Einkleidung des Gedankens in poetische Situationen, Beziehungen und Bilder, wobei besonders die Einbildungskraft eine Rolle spielt.

Dafür ist besonders Longinus maßgebend gewesen. Dryden selbst führt ihn an mehreren Stellen als seinen Gewährsmann an.

„Imaging," sagt er in der „Apology for Heroick Poetry and Poetick Licence" (Bd. IV S. 9), „is in itself the very Height and Life of Poetry. 'Tis, as Longinus describes it, a discourse, which, by a Kind of Enthusiasm, or extraordinary Emotion of the Soul, makes it seem to us, that we behold those things which the Poet paints, so as to be pleas'd with them, and to admire them."

Die Worte des Longinus sind zwar hier nicht innegehalten, aber der Sinn entspricht genau seinen Ansichten (Kapitel XV S. 131 f):

„Ein wichtiges Werkzeug zum Großen, zum Erhabenen und zur Aufspannung der Seele ist auch die Phantasie; denn so nennt man die Erfindung der Bilder. Phantasie ist zwar eine jede Vorstellung der Seele, die mit Worten ausgedrückt werden kann, sie mag kommen, woher sie wolle; aber diese allgemeine Bedeutung des Wortes ist nachher durch den Gebrauch nur auf diejenigen Vorstellungen eingeschränkt worden, die in einer Art von begeisterter Empfindung in Bilder eingekleidet und den Zuschauern vor Augen gestellt werden".

Und in demselben Kapitel (S. 138) sagt er von der lebhaften Beschreibung der Erinnyen:

„Siehe, da schaut er sie selbst, die Erinnyen; aber was er dichterisch sah, bringt er den Zuschauern auf, daß sie's fast wirklich zu schauen glauben."

Der Dichterphantasie liegt es aber zugleich ob, die Leidenschaften in richtiger Weise zu schildern und nicht seine Farben zu stark aufzutragen.

Dryden hat sich hierüber in erster Linie in der Vorrede zu „Troilus and Cressida" (Bd. V S. 16, 17) ausgesprochen, und wie er selbst hinzufügt, geht dasjenige, was er hier sagt, ebenfalls zum größten Teile auf Longin zurück.

„To write Pathetically, says Longinus, cannot proceed but from a lofty Genius. A Poet must be born with this Quality, yet, unless he help himself by an acquir'd Knowledge of the Passions, what they are in their own Nature, and by what springs they are to be mov'd, he will be subject either to raise them where they ought not to be rais'd, or not to raise them by the just Degrees of Nature, or to amplify them beyond the Natural Bounds . . . . So in a Poet, his inborn Vehemence and force of Spirit, will only run him out of Breath the sooner, if it be not supported by the help of Art. The Roar of Passion indeed may please an Audience . . . . but it will move no other Passion than Indignation and Contempt from judicious Men. Longinus, whom I have hitherto follow'd, continues thus: If the Passions be Artfully employ'd, the Discourse becomes vehement and lofty; if otherwise, there is nothing more ridiculous than a great Passion out of Season: And to this purpose he animadverts severely upon Æschylus, who writ nothing in cold Blood, but was always in a Rapture, and in Fury with his Audience" . . . .

Mit solchen Worten giebt Dryden zwar die Meinung des Longinus wieder, jedoch in etwas anderer Einkleidung. Der Grieche sagt in der Schrift vom Erhabenen, Kapitel II (S. 34):

„Die einzige Kunst, erhaben zu sein, ist die, mit erhabenen Empfindungen geboren zu werden . . . . . (S. 35 f.): Und ob man gleich außerdem nicht läugnen kann, daß sie (die Natur), wenn man so sagen darf, den Urstoff des Großen und Erhabenen, und aller Werke des Genius angiebt: so ist dennoch gewiß, daß nur die Kunst die Schranken und die Schicklichkeit der Ergießungen des Genius festsetzen und bestimmen, und seinen raschen Flug vor allen Ausschweifungen und Verirrungen sichern kann. Am gefährlichsten ist es aber, dasselbe, wenn es sich zu großen und erhabenen Dingen emporschwingt, ihm selbst zu überlassen . . . . . Oft genug braucht das Genie den Sporn der lebhaften Empfindungen: aber eben so oft muß es durch den Zügel der kälteren Ueberlegung zurückgehalten werden."

Im dritten Kapitel (S. 48) sagt Longin weiter: „Der dritte Fehler in dem Pathetischen oder Rührenden ist . . . Wärme, wo keine Wärme nötig ist, oder Gluth, wo man nur Wärme braucht. Denn da braust oft mancher bei Sachen, die ganz sinnig und ordentlich dahergehen, auf einmal wie im Rausch mit seinen erkünstelten Leidenschaften hervor, daß kein Mensch weiß wie. Indessen sitzt der kaltblütige Zuschauer und lacht, wie natürlich, wenn ein Betrunkener unter Nüchternen taumelt'.

Im fünfzehnten Kapitel (S. 141) macht Longin sogar dem Æschylus den Vorwurf:

„Er ist doch oft zu voll von allzu rohen, unausgearbeiteten, widerlichen Stellen."

Dryden hatte freilich zugleich einen französischen Schüler des Longin vor Augen. Denn auf derselben Seite (S. 17. 18. Bd. V) der Vorrede zu „Troilus and Cressida" fährt er fort:

„He who wouldraise the Passion of a judicious Audience, says a learned Critick, must be sure to take his Hearers along with him; if they be in a Calm, 'tis in vain for him to be in a Huff; he must move them by degrees, and kindle with them; otherwise he will be in danger of setting his own Heap of Stubble on fire, and of burning out by himself, without warming the Company that stand about him".

Der „learned Critick" von welchem Dryden hier spricht, ist niemand anders als Le Bossu. Letzterer sagt in seinem „Traité du Poëme Epique" Tome I. p. 348 f:

„La nécessité de disposer les Auditeurs est fondée sur la nécessité naturelle et générale de prendre les choses où elles sont, quand on veut les transporter ailleurs. Il est aisé d'appliquer cette maxime à nostre sujet. Un homme est dans le repos et dans la tranquilité, vous voulez par un discours fait exprés, le mettre en colére. Vous devez commencer vôtre discours d'une maniere tranquile; ainsi, vous vous joigneza lui: et puis marchant tous deux ensemble, pour ainsi dire, il ne manquera pas de vous suivre dans les passions où vous le conduirez peu-à-peu Mais si d'abord vous faites éclater vôtre colére, vous vous rendrez . . . . . ridicule et vous aurez . . . peu d'effet."

Wenn aber, fährt Dryden fort, einerseits der Dichter bei der Darstellung menschlicher Leidenschaften seiner Phantasie nicht völlig die Zügel schießen lassen darf, so soll er andererseits nicht selbst kühl bleiben; denn nur dann kann er seine Zuhörer fortreißen, wenn er selbst die zu beschreibende Leidenschaft anzunehmen scheint. „Te Poet must put on the Passion he endeavours to represent. Si vis me flere dolendum est primum ipsi tibi" (Apology for Heroick Poetry Bd. IV S. 8).

Diese Worte entstammen dem Horaz; die betreffende Stelle lautet vollständig (D. A. P. V. 101 f.):

„At ridentibus arrident, ita flentibus adflent
Humani vultus, si vis me flere, dolendum est
Primum ipsi tibi."

§ 6.
Tropen.

Um das so in der Phantasie Ausgearbeitete zu verkörpern, besitzt der Dichter die poetische Sprache, wobei ihm gewisse Uebertreibungen in den Bildern wie in der Diktion selbst gestattet sind, welche die Prosa vermeidet.

Dryden drückt dies in der „Apology for Heroick Poetry" folgendermaßen aus (Bd. IV S. 11):

„Poetick Licence I take to be the Liberty which Poets assum'd to themselves in all ages, of speaking things in Verse, which are beyond the Severity of Prose. 'Tis, that par.icular Character, which distinguishes and sets the

Bounds betwixt Oratio soluta, and Poetry. This, as to what regards the Thought, or Imagination of a Poet, consists in Fiction.: But then these Thoughts must be express'd; and here arise two other Branches of it: For if this Licence be included in a single Word, it admits of Tropes, if in a Sentence or Proportion, of Figures: Both which are of a much larger Extent, and more forcibly to be us'd in Verse than Prose."

Die poetischen Freiheiten, soweit sie sich auf die herangezogenen Ereignisse und auf die handelnden Gestalten beziehen, untersucht Dryden des Genaueren bei der noch folgenden Besprechung der heroischen Dichtung, wie er sie nennt. Hier kommt daher vorläufig nur die poetische Freiheit in Betracht, so weit sie sich auf den äußeren Ausdruck bezieht.

Das Mittel des poetischen Ausdrucks ist vor allem die Metapher. Dieselbe besteht nach Aristoteles (Kap. XXI.) darin:

„daß man einen Namen auf den andern überträgt, entweder den Namen der Gattung auf die Art, oder der Art auf die Gattung, oder einer Art auf die andere, oder nach einem gewissen Verhältnisse."

Und im zweiundzwanzigsten Kapitel sagt Aristoteles weiter:

..... „nichts übertrifft die Schwierigkeit, die Metapher zu gebrauchen. Denn es ist eine Geschicklichkeit, welche sich nicht von einem andern absehen läßt, sondern Genie erfordert. Denn eine Methapher glücklich anzubringen, setzt die Gabe des Witzes voraus ....."

Die Hauptquelle Drydens betreffs der Metaphern ist indes nicht Aristoteles sondern Longinus.

In der Vorrede zu „Troilus and Cressida" (Bd. V. S. 20) sagt Dryden, daß zur Beschreibung der Leidenschaften die Metapher nötig ist, „wie Longin bemerkt."*)

Longins Schrift vom Erhabenen enthält wirklich eine Anzahl Stellen, in denen der Gebrauch der Methapher dem Dichter auf das Wärmste empfohlen wird z. B.: (Kapitel XXXII S. 200):

„.... es ist aber genug mit diesem, um zu beweisen, was wir gesagt haben, nämlich: daß die Tropen und Figuren in sich selbst eine eigentümliche Erhabenheit haben; daß die Metaphern zur Hoheit einer Rede vieles helfen; und daß alle die Stellen, wo die Leidenschaft erregt, oder der Vortrag ausgeschmückt werden soll, sie sehr wohl vertragen".

Solche Metaphern aber, fügt Dryden in seiner „Apology for Heroick Poetry" (Bd. IV. S. 8) hinzu, darf der Dichter mit einer Kühnheit anwenden, die weit über die Begriffe des gewöhnlichen Lebens hinausgeht. Man braucht ja nicht, wie in der Geschichtsschreibung, notwendig zu glauben, was der Dichter sagt; aber dieser darf das Bild gefälliger machen, ohne betrügen zu wollen (S. 8).

Auch bezüglich dieses Zugeständnisses stützt sich Dryden besonders auf Longin, der sogar Herodots Hyperbel verteidigt, daß

---

*) Drydens gleichzeitig hier vertretene Ansicht, daß es durchaus unstatthaft ist, in jedem Wort eine Metapher zu gebrauchen, geht auf das später heranziehende Rather than all Things Wit, let none be there Cowleys zurück (Works, Bd. I S. 134).

die Lacedämonier bei Thermopylä zuletzt, als ihre Waffen zerbrochen waren, sich mit Nägeln und Zähnen verteidigten, bis sie unter den Pfeilen ihrer Feinde begraben lagen. Trotz aller Uebertreibung sei diese Hyperbel eine durchaus gut gewählte, da sie aus der Sache selbst hervorzugehen scheint. (Kapitel XXXVIII S. 230 ff.)

Longin schließt seine Auseinandersetzung (S. 332) mit den Worten:

„Wie kann man mit Zähnen gegen Bewaffnete streiten, wie begraben werden unter den Pfeilen? Und doch ist's glaublich, denn er erzählt das nicht um der Hyperbel willen, sondern die Hyperbel kommt aus der Erzählung, weil eben die Umstände und die Empfindung, aus der etwas gesagt wird, die Kühnheit des Ausdrucks rechtfertigen. Eine Bemerkung, die ich nicht genug wiederholen kann".

§ 7.
Diktion.

Die letzte, aber nicht die geringfügigste Aufgabe des Dichters bei einen Schöpfungen beruht auf der äußeren Einkleidung des Gedankens, der Diktion.

Horaz ist es, dem Dryden seine Hauptgedanken für seine kritischen Bemerkungen auf diesem Gebiete entlehnt hat.

Im Prologe zu „Tyrannic Love" 1669 hatte Dryden die folgenden Verse gebraucht, die von seinen Gegnern auf das heftigste angegriffen und verhöhnt wurden:

„Poets, like Lovers, should be bold and dare.
They spoil their Business whith an Over-care.
And he who servilely creeps after Sense,
Is safe, but ne'er will reach an Excellence."

Die letzten beiden Zeilen sind an Horaz angelehnt, und, wie Dryden in der Vorrede zu „Tyrannic Love" (Bd. II. S. 5), wo er diese Zeilen verteidigt, hervorhebt, sollen sie nichts weiter besagen, als daß gerade das lange ängstliche Suchen nach klaren, knappen Worten zur Nüchternheit und oft auch zur Unklarheit des Ausdrucks führt. Vergl. D. A. P. V. 24 ff.:

„Maxima pars vatum, pater et juvenes patre digni
Decipimur specie recti: brevis esse laboro,
Obscurus fio: sectantem levia nervi
Deficiunt animique: professus grandia turget.
Serpit humi tutus nimium timidusque procellae."

In der „Defence of the Epilogue" (B. III S. 7., 8.), der Abhandlung, die er an das Ende der Ausgabe von „The Conquest of Granada" 1670 gestellt hat, verbreitet sich Dryden auch über den Wortschatz und im Besonderen über den der englischen Sprache. Dryden tadelt dabei Fletcher und Jonson, die nach seiner Ansicht ihre Worte so schlecht gewählt haben, daß man ihre Ausdrucksweise oft nicht als korrektes Englisch bezeichnen kann.

Als erstes Moment für die Sprachverfeinerung stellt er (S. 7) kann das von Waller eingeführte und geübte „wellplacing of Words or the Sweetness of Pronunciation" hin. In zweiter Linie wird die Sprache dadurch vervollkommt, daß neue Worte und Redensarten in dieselbe aufgenommen werden, und dann fährt er fort (S. 8):

„They who have lately written with most Care, have, I believe taken the Rule of Horace for their Guide; that is, not to be too hasty in receiving of Words; but rather to stay till Custom has made them familiar to us."

Auch dazu stimmt eine allbekannte Regel des Horaz (V. 70 ff):

„Multa renascentur quae jam ceeidere, caduntque,
Quae nunc sunt in honore vocabula, si volet usus
Quem penes arbitrium est et jus et norma loquendi."

Im ferneren Verlaufe der „Defence of the Epilogue" (S. 8) verwirft Dryden das fortwährende Hereinziehen französischer Vokabeln und Redensarten in das englische Idiom. Er verwahrt sich also gegen eine Ungehörigkeit, die seine deutschen Zeitgenossen leider im höchsten Maße huldigten.

Dann kommt er zur Besprechung des dritten Mittels, das er zur Hebung der Sprache für wichtig hält: daß man nämlich schon fest in den Verband der Sprache eingeführten Wörtern neue, bisher nichtfür sie geltende Bedeutungen verleiht. Auch hier ist Horaz derjenige, welcher Dryden zu diesem Gedanken angeregt hat, denn die Verse (D. A. P. V. 46 ff)

„In verbis etiam tenuis cantusque serendis
Dixeris egregie, notum si callida verbum
Reddiderit junctura novum" . . . . .

will Dryden in solchem Sinne verstanden wissen.

Die englische Sprache jedoch ist nicht darauf angewiesen, sich, wie Dryden in der Widmung zu den „Rival Ladies" (S. 6 Bd. I.) 1663 hervorhebt, aus andern Sprachen Worte zu nehmen. Scharf wendet er sich in der „Defence of the Epilogue" gegen diejenigen seiner Landsleute, welche nach seiner Meinung das Englische dadurch verderben, daß sie es zu viel mit französischen Wörtern durchsetzen. Er nennt dies Vorgehen „a turning of English into French, rather than a refining of English by French" (S. 8 Bd. III).

In derselben „Defence of the Epilogue" spricht er auch die Ueberzeugung aus, daß die englische Sprache, wie sie in seinem eigenen Zeitalter gesprochen und geschrieben wurde, die Sprache des vergangenen Zeitalters bedeutend an Feinheit und sorgfältiger Ausbildung übertrifft. Diese Weiterentwicklung der englischen Sprache beruht nach Dryden „either in rejecting such old Words or Phrases which are ill sounding, or improper, or in admitting new, which are more proper, more sounding, and more significant" (S. 3).

Durchaus weist Dryden in der „Apology for Heroick Poetry" (Bd. IV. S. 12) die Ansicht Sidney's zurück, daß die englische Sprache einer Zusammenstellung von zwei oder mehreren einzelnen Worten zu einem einzigen günstig sei, wie dies das Griechische in hohem Maße gestattet.

Sidney vertritt die von Dryden angezogene Meinung mit folgenden Worten (Defence of Poesie, p. 63):

„But for the uttering sweetly, and properly the conceit of the minde, which is the end of speech, that hath i equally with any other tongue in the world. And is particulerly happy in compositions of two or three wordes togither, neare the Greeke, farre beyond the Latine, which is one of the greatest bewties can be in a language."

In der Widmung zu „Troilus and Cressida" (Bd. V S. 5), spricht Dryden die Hoffnung aus, daß auch für die englische Sprache ein Michelieu erstehen möge, ein Mann, der ihr eine feste Norm verschaffen und zu diesem Zweck erst eine feststehende Grammatik und ein allgemein anzuerkennendes Wörterbuch aufstellen würde.

Nicht sehr schmeichelhaft für die Muttersprache ihres Verfassers fährt die Widmung zu „Troilus and Cressida" (S. 5) dann fort:

„But how barbarously we yet write and speak, your Lordship knows, and J am sufficiently sensible in my own English. For J am often put to a stand, in considering whether what J write be the Idiom of the Tongue, or false Grammar, and Nonsense, couch'd beneath that specious Name of Anglicism. And have no other Way to clear my Doubts, but by translating my English into Latin: and thereby trying, what Sense the Words will bear in a more stable Language."

Kurz vorher (S. 5) hat er das Englische in derselben Widmung „a Composition of the dead and living Tongues" genannt.

Sidney erwähnt ähnliche Vorwürfe, die zu seiner Zeit der englischen Sprache gemacht wurden, wie aus der folgenden Stelle der „Defence of Poesie" hervorgeht (S. 63):

„J knowe some wil say it is a mingled language: And why not so much the better, taking the best of both the other? Another will say it wants Grammer. Nay truly, it hath that praise, that it wants not Grammer: for Grammer it might have, but it needs it not, being so easie in itselfe, and so voyd of those combersome differences of Cases, Genders, Moods, and Tenses, which J thinke was a peece of the Tower of Babilons curse, thata man should be put to schoole to learne his mother tongue."

Später indes, in der Widmung zu seinen „Translations from Ovid's Metamorphoses" und in der Vorrede zu den „Translations from Theocritus, Lucretius und Horace" wi.d auch Dryden seiner Muttersprache gerechert. Im ersten Fall nennt er das Englische „both copious, significant and majestical" (P. W. III. S. 373), und im zweiten äußert er sich dahin, daß nur wenige die sprachlichen Feinheiten der englischen Sprache zu beherrschen verständen (P. W. II. S 513).

§ 8.
Stimmung.

Der Dichter nun, der alle die für diesen Beruf notwendigen Eigenschaften in vollem Maße besitzt, soll sich trotzdem nicht, wie Dryden in der Widmung zu „Eleonora" 1792 auseinandersetzt, zu irgend einer beliebigen Zeit und in beliebiger Stimmung zu seinem geistigen Schaffen niedersetzen, sondern der wahre Priester Apollos muß vielmehr darauf warten, daß ihn die Muse mit ihrem Feuer erfüllt (P. W. II. S. 274).

Diese Forderung wird durch den Umstand gerechtfertigt, daß unser Geist keineswegs zu allen Zeiten die gleiche Arbeitskraft besitzt, sondern daß er beständig vom Körper beeinflußt wird. Dryden spricht sich hierüber in der Widmung zu „Aureng-Zebe" 1675 aus (Bd. IV S. 11), und Montaigne ist derjenige, welcher ihn zu dieser Beobachtung veranlaßt hat. Der Franzose sagt im zweiten Bande seiner „Essais" S. 272 vom Körper des Menschen:

......si son compaignon a la cholique, il semble qu'il l'ayt aussi: les puissances mesmes qui luy sont particulieres et propres ne se peuvent lors soublever" etc. ...

§ 9.
Nachahmung.

Auch der fruchtbarste Dichter vermag in seinen Werken nicht fortwährend Neues zu erschaffen. Daher kann es für den Schriftsteller kein Vorwurf sein, wenn er hier und da seine poetischen Darstellungen den anerkannt großen Meistern nachzuzeichnen versucht.

Bei Besprechung einer Scene zwischen Troilus und Hector, die er der Scene zwischen Agamemnon und Menelaus in der Iphigenie des Eurigides entlehnt hat, zieht Dryden den Longin als Verteidiger solcher Entlehnungen und Nachahmungen heran (Vorrede zu „Troilus and Cressida" Bd. V S. 4):

„I will conclude my Reflections with a passage of Longinus, concerning Plato's Imitation of Homer: We ought not to regard a good Imitation as a Theft; but as a beautiful Idea of him who undertakes to imitate, by forming himself on the Invention and the Work of another Man, for he enters into the Lists like a new Wrestler, to dispute the Prize with the former Champion. This sort of Emulation, says Hesiod, is honourable" ....

Die Ansicht des Longin entspricht in der That genau, obwohl nicht wörtlich, derjenigen Drydens (Kap. XIII S. 125 f):

„Und dieser große Mann (Plato) zeigt uns noch einen Weg zum Erhabenen zu gelangen, wenn es uns anders nicht verächtlich erscheint, uns solcher Mittel zu bedienen; ich meine die Nachahmung und Nacheiferung der größten Dichter und Schriftsteller, die sich vor unserer Zeit ausgezeichnet haben . . . Ist nur Herodot allein homerisch? War's nicht vor ihm Stesichorus und Archilochus? War's nicht mehr als alle Plato, der aus der unsterblichen Quelle des Dichters unzählige Bäche in seine Seele leitete? . . . Und das ist nicht für einen Diebstahl zu halten, sondern nur für Nachbildung einer schönen Gestalt oder eines schönen Werkes. Und ich glaube nicht, daß Plato sich bei seinen philosophischen Untersuchungen, wie er gethan, so oft erhoben . . . . wenn er nicht, als ein junger Kämpfer, mit dem alten, schon so lange bewunderten Dichter, vielleicht zu eifersüchtig, mit ganzer Seele und mit ganzer Rüstung um den Vorzug hätte kämpfen wollen. Und das nicht ohne Nutzen: denn ein solcher Kampf ist, wie Hesiod bemerkt, immer vorteilhaft; auch ist er glorreich, und der Krone wert."

§ 10.
Die Kritik.

In der Vorrede zu seiner Komödie „Secret Love" (Bd. II. S. 2) wirft Dryden die Frage auf, ob der Dichter selbst überhaupt seine eigenen Werke kritisch zu beurteilen vermöge. Ueber die Wahl der Fabel und den äußeren Aufbau seines Werkes, sagt er hier, steht dem Verfasser wohl ein Urteil zu; das innere Gefüge indes, die Schilderungen im Einzelnen, gehen viel zu sehr aus der aufgeregten Phantasie des Darstellers hervor, als daß er sie mit kritischer Ruhe beurtheilen könnte.

In der Widmung zu „Aureng-Zebe" wird der Gedanke, daß auch der Dichter selbst Kritiker ist, noch weit schärfer hervorgehoben (Bd. IV. S. 10, 11.)

Was ich ernst und lange erwogen habe, sagt hier Dryden, ist mit eben so großer Wahrscheinlichkeit recht und natürlich als dasjenige, was der Kritiker bei nur flüchtiger Betrachtung dafür einsetzen will. Auch der urteilsvollste Schriftsteller irrt sich bei aller Sorgfalt, wie viel mehr muß das bei dem nur flüchtig betrachtenden Kritiker der Fall sein. Erst mag die Kritik auch die Gründe wirklich erwägen, welche den Autor veranlaßt haben, gerade so und nicht anders zu schreiben; sie wird dann vielleicht von ihrem vorschnellen Tadel absehen müssen.

Bei alle dem kann auch Dryden nicht umhin, in der „Defence of the Epilogue" (Bd. III. S. 5) zuzugeben, daß der strenge Tadel der Kritik für den begabten Schriftsteller eher eine Hilfe als ein Hemmschuh ist, denn die Kritik verhindert den begeisterten Dichter, seiner Phantasie allzu sehr die Zügel schießen zu lassen.

Der Beruf gerechter, verständnißvoller Kritik aber setzt manches voraus. Der Beurteiler ist nur zu häufig selbst ein verunglückter Schriftsteller, sagt Dryden im Prolog zu dem zweiten Teile von „Almanzor and Almahide" (Conquest of Granada 1672).

Er wiederholt diesen Ausspruch in den „Translations from Ovid's Metamorphoses" (Poetical Works Bd. III. S. 362. 363).

Statt alles in den Staub zu ziehen, sollten die Kunstrichter, wie diejenigen früherer Zeiten gethan haben, die Dichter gegen ungerechte Angriffe verteidigen, verborgene Schönheiten ins rechte Licht stellen und den gar zu bescheidenen Autoren zu Ruf und Ansehen verhelfen. In der „Apology for Heroick Poetry and Poetick Licence" (Bd. IV. S. 2) fügt dann Dryden noch hinzu, daß „Criticism, at it was first invented by Aristotle, was meant a Standard of judging well."

Vor allem aber ist es eines tüchtigen Kritikers nicht würdig, auch bei kleinen Versehen seitens eines begabten Autoren diesen mit Tadel zu überschütten.

Auf Longin im Besonderen geht bei dieser Gelegenheit die Bemerkung Drydens zurück, daß es auch für einen großen Dichter unmöglich ist, sich selbst immer gleich zu bleiben und sein Talent auf jeder Zeile in gleicher Vollkommenheit darzuthun.

„'Tis malicious and unmanly to snarl at the little Lapses of a Pen," heißt es in der „Apology for Heroick Poetry" (Bd. IV.

S. 2, 3) from which Virgil himself stands not exempted — Horace acknowledges that honest Homer nods sometimes: He is not equally awake in every Line: But he leaves it also as a standing Measure for our Judgments:

> Non, ubi plura nitent in carmine, paucis
> Offendar maculis, quas aut incuria fudit,
> Aut humana parum cavit natura . . .

And Longinus, who was undoubtedly, after Aristotle, the greatest Critick amongst the Greeks, in his twenty seventh Chapter has judiciously prefer'd the sublime Genius that sometimes errs, to the middling or indifferent one, which makes few Faults, but seldom rises to any Excellence. He compares the first to a Man of large Possessions, who has not leisure to consider of every slight Expence . . . . On the other side, he likens the Mediocrity of Wit, to one of a mean Fortune, who manages his store with extream Frugality, or rather Parsimony: But who with fear of running into Profuseness, never arrives to the Magnificence of Living. This Kind of Genius writes, indeed, correctly . . . . . J could, says my author, find out some Blemishes in Homer: And am perhaps, as naturrally inclin'd to be disgusted at a Fault as another Man: But, after all, to speak unpartially, his Failings are such, as are only Marks of human Frailty: They are little Mistakes . . . . And though Apollonius his Argonautes, and Theocritus his Eidullia, are more free from Errors, there is not any Man of so false a Judgment, who would chuse rather to have been Apollonius or Theocritus, than Homer."

Die gebräuchliche Lesart bei dem obengegebenen Citate aus Horaz lautet mit geringer Veränderung (D. A. P. v. 351—353):

> Verum ubi plura nitent in carmine, non ego paucis
> Offendar maculis, quas aut incuria fudit
> Aut humana parum cavit natura. Quid ergo est?

Auch den Aeußerungen Longins ist Dryden in diesem Falle wörtlicher gefolgt, als er sonst wohl zu thun pflegt. Im dreiunddreißigsten Kapitel — Dryden hat eine andere als die hier benutzte Kapiteleinteilung vor sich gehabt — lautet die angezogene Stelle wie folgt:

„Ich weiß wohl, daß die größten Genies am wenigsten frey von Fehlern sind. Denn es ist nur den schwachen eigen, so ängstlich genau in allem zu sein. So ist nur der Arme genau auf jede Kleinigkeit, wenn der Reiche manches nicht zu achten pflegt. Es folgt aber daraus gar nicht, daß also die schwachen und mittelmäßigen Genies, weil sie sich der Gefahr niemals aussetzen, nie einen hohen Flug wagen, auch immer sicher und ohne zu straucheln gehen; noch weniger, daß die großen Genies ihrer Größe wegen fallen müssen . . . . Ich habe selbst bey dem Homer und anderen, Flecken gefunden, die mir in der That nicht gefallen; ich halte sie aber nicht sowohl für Fehler ihres Genies, als vielmehr für Nachlässigkeiten . . . . Apollonius, der Verfasser der Argonauten, hat nie gefehlt und Theokrit ist in seinen Idyllen . . . .

sonst überall sehr glücklich: aber wer wollte deswegen lieber Apollonius seyn, als Homer."

§ 11.
Das Wesen der Poesie.

Dasjenige, was der berufene und nach den poetischen Regeln verfahrende Dichter in allen seinen Werken anstreben soll, bezeichnet Dryden als „Wit-writing". Man könnte diesen Ausdruck vielleicht mit „Geistreichsein" wiedergeben.

In der Vorrede zu „Annus Mirabilis". (Poetical Works Bd. I. S. 83) erklärt Dryden den Ausdruck „Wit" mit diesen Worten: „The Composition of all poems is, or ought to be, of wit: and wit in the poet, or wit-writing (if you will give me leave to use a school-distinction) is no other than the faculty of imagination in the writer, which, like a nimble spaniel, beats over and ranges through the field of memory, till it springs the quarry it hunted after: or, without metaphor, which searches over all the memory for the species or ideas of those things which it designs to represent.

Wit written is that which is well defined: the happy result of thought, or product of Imagination."

Diese Definition stammt von Davenant her, welcher in der Vorrede zu „Gondibert" (S. 8) sagt:

„Wit is the laborius and the lucky resultances of thought, having towards its excellence (as we say of the strokes of painting) as well a happinesse, as care."*

Die weiteren Auseinandersetzungen Drydens über die Bedeutung und Anwendung des von ihm als „Wit" Bezeichneten fügen sich besser an die Besprechung des Lustspiels an, zu dessen Hauptzierden Dryden diese Art der Darstellung rechnet.

§ 12.
Drydens Stellung zu seinem Berufe.

Von den verschiedenen Dichtungsarten hat Dryden ja besonders die Tragödie gepflegt. Seine persönliche Stellung zu seinem Berufe als Bühnendichter wirft indes gerade kein glänzendes Licht auf seine Dichterpersönlichkeit.

In der Widmung zu seinem Gedicht: „Eleonora" (Poetical Works Bd. II. S. 277) bemerkt er zunächst, daß er seinem Geschicke wenig dafür danke, daß es ihn gerade zu einem Engländer gemacht habe, da es der Guten in England nur wenige gäbe.

Dem gegenüber aber wünscht er sich in der Widmung zu „Aureng-Zebe" (Bd. IV. S. 1) Glück, daß er als Engländer von seinem Fürsten das Gegenteil von dem sagen darf, was Montaigne über Fürstengunst geäußert hat.**

---
*) Auch das Bild von dem Aufscheuchen des Wildes findet sich in der Vorrede zu „Gondibert" S. 2: ... and think, 'tis with the Muse (whose noble Quarry is Men) as with the Eagle ....

**) Die betreffende Aeußerung Montaignes findet sich im zweiten Bande der „Essais," S. 138 und beginnt: „Les princes me donnent prou, s'ils ne m'ostent rien."

Dann aber macht er seinem Unmute Luft und sagt, daß er gegen alle seine Neigung für das Theater schreiben muß.

„J have Fool enough at Home." lauten hier seine Worte: „without looking for it abroad. And am a sufficient Theatre to myself of ridiculous Actions, without expecting Company, either in a Court, a Town or Play-house. 'Tis on this account that J am weary with drawing the Deformities of Life and Lazars of the People, when every Figure of Imperfection more resembles me than it can do others. If J must be condemn'd to Rhyme, J should find some Ease in a change of Punishment. J desire to be no longer the Sisyphus of the Stage .... J never thought myself very fit for an Employment, where many of my Predecessors have excell'd me in all Kinds; and some of my Contemporaries, even in my own partial Judgment, have out-done me in Comedy."

Es wäre zu verwundern, wie bei solchen Ansichten über den Wert seiner dramatischen Thätigkeit Dryden noch mehr als ein Dutzend Dramen verfassen konnte, wenn er nicht gleich darauf in der genannten Vorrede den Grund für sein Ausharren bei der verhaßten Thätigkeit angäbe. Allerdings gereicht dieser Grund einem Dichter nicht gerade zur Ehre.

Er fährt nämlich fort (Bd. IV. S. 8), daß er sich weit lieber an einem epischen Gedicht versuchen würde. „But the unsettl'dness of my Condition." heißt es dann mit herber Bitterkeit weiter, „has hitherto put a stop to my Thoughts concerning it. As J am no Successor to Homer in his Wit, so neither do J desire to be in his Poverty. J can make no Rhapsodies, nor go a begging at the Grecian Doors, while J sing the Praises of their Ancestors."

In der Vorrede zu „Don Sebastian", einem seiner letzten Dramen, klingt ein ähnliches Unbefriedigtsein mit seiner Thätigkeit durch.

„While J continue in these bad Circumstances (and truly J see very little Probability of coming out) J must be oblig'd to write .... (Bd. VI. S. 1). But enough of this: The Difficulties continue: they increase, and J am still condemn'd to dig in those exhausted mines .... (Bd. VI. S. 2).

II. Die einzelnen Dichtungsarten.

Das Drama.

§ 13.
Das Drama im Allgemeinen.

Die wichtigste der verschiedenen poetischen Schreibarten ist das Drama.

Drydens Ansichten über diesen Zweig poetischer Thätigkeit und seine einzelnen Teile und Momente gehen größtenteils auf französische Quellen zurück, unter denen nach Drydens eigenen Aeußerungen Corneille und Rapin eine hervorragende Stelle einnehmen.

Beide französische Kritiker haben indes nur den Aristoteles kommentirt, und in einigen Fällen hat sich der englische Kritiker auf diesen direkt bezogen.

Ein Hauptfundort für die Aeußerungen Drydens betreffs dramatischer Komposition ist neben der Vorrede zu „Troilus and Cressida" auf welche ich allerdings den größeren Wert legen möchte, der „Essay of Dramatick Poesy". Wenn auch Dryden da hauptsächlich in der Person Neanders gekennzeichnet wird, so sind doch die Aeußerungen Neanders hier nicht allein von Wichtigkeit, um so mehr, da die von Neander ausgesprochenen Ansichten im späteren Verlaufe der kritischen Thätigkeit Dryden's teilweise durch die Aeußerungen der übrigen Personen des Essay's ersetzt worden sind.

„A Play ought to be a just and lively Image of human Nature, representing its Passions and Humours, and the Changes of Fortune to which it is subject, for the Delight and Instruction of Mankind"; so lautet die Definition des Dramas, wie sie Dryden im „Essay of Dramatick Poesy" (Bd. I. p. XXXV) dem Lisideus in den Mund legt.

Der Zweck solches dramatischen Schaffens im Allgemeinen ist der, Laster und Thorheit bloßzustellen und auf diese Weise die Menschen dazu zu bringen, sich von beiden loszusagen.

Um diesen Zweck zu erreichen, ist es das erste Erfordernis für den Dichter, sich selbst die moralische Lehre klar zu machen, welche seinem Werke zu Grunde liegen soll und welche er den Zuschauern erteilen will.' In der Iliade zum Beispiel beabsichtigte Homer zu zeigen, daß die Einigkeit einem Staate Macht verleiht, daß aber Zwietracht den Staat zerstört, und Sophokles beweist in seinem Oedipus, daß niemand vor seinem Tode glücklich genannt werden kann.

In dieser Weise äußert sich Dryden in der Vorrede zu „Troilus and Cressida" (Bd. V. S. 10) und stützt sich dabei nach seiner eigenen Aussage auf eine Bemerkung von Bossu, die sich allerdings speciell auf die epische Dichtung bezieht, aber nach der Ansicht Drydens auch für alle Arten der dramatischen Dichtung ihre volle Geltung hat.

Bossu stimmt hier fast wörtlich mit Dryden überein. Er sagt:
„Ainsi, trois choses sont nécessaires pour cet effet (i. e. pour faire recevoir les idées que l'on veut montrer au public). La première est de bien concevoir l'idée que l'on veut mettre dans l'esprit des Auditeurs: elle doit être pure et dégagée de toutes celles qui peuvent nuire à notre dessein" („Traité du Poëme Épique" tome II. S. 189).

Und tome I. S. 46 sagt er ebenfalls:
„Homère a donc pris pour le fond de sa Fable cette grande vérité, Que la mesintelligence des Princes ruïne leurs propres Etats".

Die Tragödie.

§ 14.
Wesen und Zweck der Tragödie.

Die vornehmste Art des Dramas nun, die Tragödie, ist nahe mit der epischen Dichtkunst verwandt, da beide zu ihrem Zweck das Vergnügen und den Nutzen der Menschheit haben und da auch die Personen und Charaktere in beiden dieselben sind. Der Unterschied indes zwischen beiden besteht darin, daß die Tragödie durch die Aufführung belehrt, während die epische Dichtung dies durch bloße Erzählung zu Stande bringt („Essay of Dramatick Poesy." Bd. I, p. XCI).

In der Vorrede zu „Troilus and Cressida" (Bd. V. S. 5) definiert Dryden dann die Tragödie genauer folgendermaßen:

„'Tis an Imitation of an entire great and probable Action, not told but represented, which by moving in us Fear and Pity, is conducive to the purging of those two Passions in our Minds."

Diese Definition hat Dryden, wie er selbst sagt, aus dem Aristoteles übernommen, wobei er das im Folgenden in Klammern Eingeschlossene fortgelassen hat, da er es für überflüssig hält.

Im sechsten Kapitel seines Buches von der Dichtkunst giebt der griechische Kritiker von der Tragödie diese Definition:

„Sie ist demnach eine Darstellung einer anständigen und vollständigen Handlung (selbstthätiger Wesen, welche einen gewissen Umfang hat, und in einem wohlklingenden Ausdruck abgefaßt ist), von welcher jede Art an ihrer Stelle nicht durch Erzählung, sondern durch Mitleid und Furcht die Reinigung solcher Leidenschaften bewirkt."

In derselben Vorrede zu „Troilus and Cressida" (Bd. V. S. 7 u. 8.) setzt Dryden auch den Zweck und die Mittel, welche der Tragödie eigen sind, näher auseinander.

Der Hauptzweck dieser dramatischen Schreibart, sagt er hier, ist der, durch Beispiel von den Leidenschaften zu reinigen. Er fährt dann fort:

„Rapin, a judicious Critick, has observ'd from Aristotle, that Pride and Want of Commiseration are the most predominant Vices in Mankind. Therefore to cure us of these two the Inventors of Tragedy have chosen to work upon two other Passions, which are Fear and Pity. We are wrought to fear, by their setting before our Eyes some terrible Example of Misfortune, which happened to Persons of the highest Quality; for such an Action demonstrates to us, that no Condition is privileged from the Turns of Fortune: This must of necessity cause Terror in us, and consequently abate our Pride. But when we see that the most Virtuous, as well as the Greatest, are not exempt from such Misfortunes, that Condition moves Pity in us: And insensibly works us to be helpful to and tender over the D'stress'd, which is the noblest and most God-like of moral Virtues."

Dieser Aeußerung Drydens entspricht dem Sinne nach diejenige Rapins. Der letztere sagt in seinen „Réflexions sur la Poétique" (Bd. II. S. 181):

„Ce Philosophe (Aristote) avait reconnu deux défauts importans à regler dans l'homme, l'orgueil et la dureté, et il trouva le remede à ces deux défauts dans la Tragédie. Car elle rend l'homme modeste, en luy representant les Grands humiliez, et elle le rend sensible et pitoyable, en luy faisant voir sur le theatre les étranges accidens de la vie et les disgraces imprévûes, ausquelles sont sujettes les personnes les plus importantes."

Noch ein anderes Mal in derselben Vorrede zu „Troilus and Cressida" (Bd. V. S. 9) bezieht sich Dryden auf Rapin. Er fährt fort:

„But Rapin writes more particularly thus: That no Passions in a Story are so proper to move our Concernment, as Fear and Pity, and that it is from our Concernment we receive our Pleasure is undoubted: when the Soul becomes agitated with Fear for one Character, or hope for another; then it is that we are pleas'd in Tragedy, by the Interest which we take in their Adventures."

Dem entspricht eine Aeußerung Rapins in den „Réflexions" (Bd. II. S. 182, 183):

„La Tragedie ne devient agreable au spectateur, que parce qu'il devient luy-mesme sensible à tout ce qu'on luy represente, qu'il entre dans tous les differens sentimens des acteurs, qu'il s'interesse dans leurs aventures, qu'il craint et qu'il espere, qu'il s'afflige, et qu'il se rejouit avec eux. Le theatre est froid et languissant, dès qu'il cesse de produire ces mouvemens dans l'ame de ceux qui y assistent. Mais comme de toutes les passions la crainte et la pitié sont celles qui font de plus grandes impressions sur le coeur de l'homme, par la disposition naturelle qu'il a à s'épouvanter et à s'attendrir: Aristote les a choisies entre les autres, pour toucher davantage les esprits, par ces sentimens tendres qu'elles causent, quand le coeur s'en laisse penetrer."

§ 15.
Die Fabel.

Damit die Tragödie ihren Zweck erreiche, kommt es vor allen Dingen darauf an, eine passende Fabel für sie zu finden.

Indessen ist immerhin die Fabel nicht die Hauptsache, wenn es sich darum handelt ein gutes Stück zu schaffen; sondern die Hauptschwierigkeit beruht darin, auf der gefundenen Fabel das Stück selbst aufzubauen.

In dieser Weise äußert sich der englische Kritiker in der Vorrede zu „An Evening's Love" (Bd. II. S. 14).

In der Vorrede zu „Don Sebastian" (Bd. VI. S. 5, 6) nimmt er auch die schon von Aristoteles und Horaz gegebene Erlaubniß für sich in Anspruch, daß der Dichter sehr wohl eine Fabel verwenden darf, die er aus den Werken eines anderen Dichters entlehnt hat, denn die „materia poetica" ist Gemeingut für alle Schriftsteller.

Nun kann es auch vorkommen, daß der Schriftsteller seine Fabel den Aufzeichnungen der Geschichte entlehnt.

In diesem Falle braucht er nicht, wie Dryden in der Widmung zum „Indian Emperor" (Bd. I. S. 4) hervorhebt, genau der historischen Wahrheit zu folgen; er muß nur dafür sorgen, daß die etwaigen Veränderungen, die er mit seinem Stoffe vornimmt, der Wahrscheinlichkeit des Ganzen keinen Eintrag thun.

Dryden selbst hat in einem Falle an der übernommenen Fabel bedeutende Veränderungen vorgenommen (Vorrede zu „Tyrannic Love" Bd. II. S. 4) und spricht sich auch in der Vorrede zu „Don Sebastian" (Bd. VI. S. 4) dahin aus, daß in all den Fällen, wo das Resultat einer bedeutenden Handlung zweifelhaft gelassen ist, der Dichter auf dem vorgefundenen Grundwerk aufbauen mag, was immer er für passend hält, vorausgesetzt, daß er die Grenzen der Möglichkeit nicht überschreitet.

Von Einfluß auf solche Aeußerungen Drydens betreffs Aenderungen übernommener Fabeln ist ohne Zweifel Corneille gewesen.

Dieser entwickelt betreffs des erwähnten Gegenstandes seine Ansichten in durchaus ähnlicher Weise:

„L'autre question, s'il est permis de changer quelque chose aux sujets qu'on emprunte de l'histoire ou de la fable, semble décidée en termes assez formels par Aristote, lorsqu'il dit: qu'il ne faut point changer les sujets reçus, et que Clytemnestre ne doit point être tuée par un autre qu'Oreste . . . .

Cette décision peut toute-fois recevoir quelque distinction et quelque tempérament. Il est constant que les circonstances, ou si vous l'aimez mieux, les moyens de parvenir à l'action, demeurent en notre pouvoir. L'histoire

§ 16.
Die Regel der drei Einheiten.

Mit großer Genugthuung muß es verzeichnet werden, daß zu allen Zeiten begabtere Dichter die Tyrannei und die Gefahr, welche für die dramatische Dichtung in der strengen Beobachtung der drei Einheiten liegt, als eine drückende Last empfunden haben. Auch Dryden gehört unter die Zahl dieser Dichter, wenn er auch nicht stark genug war, die lastenden Fesseln völlig abzuschütteln.

Als Neander äußert er sich im „Essay of Dramatick Poesy" (Bd. I. p. LXIX), daß selbst die Franzosen gestehen, daß sie zu streng durch das Gebot der drei Einheiten gebunden sind. Corneille, fährt Dryden fort, sagt gegen das Ende seines „Discours des trois Unités" selbst: „Il est facile aux speculatifs d'estre severes etc." Dryden giebt dann eine Uebersetzung der Worte Corneilles in folgender Weise:

„'Tis easy for speculative Persons to judge severely: but if they would produce to publick View ten or twelve Pieces of this Nature, they would perhaps give more Latitude to the Rules than I have done, when by Experience they had known how much they are limited and constrained by them, and how many Beauties of the Stage they banish'd from it."

Daß diese Uebersetzung in der That eine genau wortgetreue ist geht aus der folgenden Stelle hervor, die den Schluß zu Corneille's „Discours des trois Unités" bildet:

„Il est facile aux spéculatifs d'être sévères; mais s'ils vouloient donner dix ou douze poëmes de cette nature au public, ils élargiroient peut être les règles encore plus que je ne fais, si tôt qu'ils auroient reconnu par l'expérience quelle contrainte apporte leur exactitude, et combien de belles choses elle bannit de notre théâtre."

Solchen Ansichten gemäß hat Dryden denn auch die Regel von den drei Einheiten nicht streng eingehalten. In der Vorrede zum „Don Sebastian" (Bd. VI. S. 6) hebt er hervor, daß er ihr nur von ferne folgte, da der englische Genius ein zu regelmäßiges Stück nicht ertragen könne.

§ 17.
Das heroische Drama als Abart der Tragödie.

Nahe der Tragödie verwandt, oder, wenn man will, ein Zweig der Tragödie, ist dasjenige, was Dryden als „Heroick Play" bezeichnet.

Er bespricht diese Art des Dramas besonders in dem „Essay on Heroick Plays", mit dem er sein Drama „Almanzor and Almahide" eingeleitet hat.

„'Tis free for every Man," sagt er hier, „to write or not to write in Verse as he judges it to be, or not to be his Talent, or as he imagines the Audience will receive it. For Heroick Plays (in which I have only us'd it without the mixture of Prose) the first light we had of them on the English Theater, was from the late Sir William D'Avenant. It being forbidden him in the Rebellious Times to act Tragedies and Comedies . . . . he was forced to turn his thoughts another way, and to introduce the Examples of Moral Virtue, writ in Verse and perform'd in Recitative Musick. The Origin of this Musick and of the Scenes which adorn'd this Work, he had from the Italian Operas: but he heighten'd his Characters (as J may probably imagine) from the Examples of Corneille and some French Poets" (Bd. III. S. 2).

In demselben „Essay" (Bd. III. S. 4) giebt Dryden bald nachher die Definition an, welche D'Avenant von dem „Heroick Poem" gegeben hatte, dessen Erfinder er war und von welchem das heroische Drama nichts als eine Nachahmung ist. Darnach sollte D'Avenants Ansicht die folgende gewesen sein:

„That it ought to be dress'd in a more familiar and easy Shape: more fitted to the Common Actions and Passions of Human Life, and, in short, more like a Glass of Nature, shewing us ourselves in our ordinary Habits, and figuring a more practicable Virtue to us, than was done by the Ancients or Moderns."

Diese Definition ist indessen nicht von D'Avenant, wenigstens nicht in dessen Werken genau wörtlich so gegeben, doch finden sich die Worte „familiar and easy View" und „Glass of Nature" auch in einer Aeußerung D'Avenant's.

Dieser sagt in der an Hobbes gerichteten Vorrede zum „Gondibert" (S. 1): „But first give me leave (remembering with what difficulty the World can shew any Heroick Poem, that in a perfect glass of Nature gives us a familiar and easy view of our selves)" . . . .

Den Worten indes, welche Dryden D'Avenant sagen läßt: „more fitted to the common Actions and Passions of human life" und „shewing us our selves in our ordinary habits", widerspricht direkt dasjenige, was D'Avenant im ferneren Verlauf der erwähnten Vorrede sagt. Es heißt dort auf S. 6:

„The common Crowd (of whom we are hopeless) we desert, being rather to be corrected by laws . . . than to be taught by Poesie . . . Nor is it needful that Heroick Poesie should be levell'd to the reach of common Men" . . .

Was Dryden dann ferner von der Art bemerkt, wie D'Avenant seine neue Erfindung im Einzelnen einrichtet, stimmt mit den Aeußerungen des Letzteren überein.

„Thus he takes the Image of an Heroick Poem from the Drama, or stage Poetry", fährt Dryden in dem „Essay on Heroick

Plays" (Bd. III. S. 4) fort, „and accordingly divides it into five Books, representing the same Number of Acts: and every book into several Canto's, imitating the Scenes which compose our acts."

So erklärt auch D'Avenant selbst seine Einteilung des "Heroick Poem" (S. 7 der Vorrede zu „Gondibert"):

„J cannot discern by any help from reading or learned men . . . that any nation has in representment of great actions (either by Heroicks or Dramaticks) digested Story in so pleasant and instructive a Method as the English by their Drama: and by that regular species J have drawn the body of an Heroick Poem: In what J did not only observe the Symmetry (proportioning five Books to five Acts and Canto's to Scenes" ....

Dryden weicht dann betreffs seiner eigenen Ansicht über heroische Dramen von derjenigen D'Avenants ab, dessen poetischem Können er übrigens in der Vorrede zum „Tempest" (Bd. II. S. 2. 3) volle Anerkennung zollt.

Der Verfasser des „Essay on Heroick Plays" hält das von D'Avenant beschriebene heroische Gedicht eher für ein Drama, das in der Art eines Heldengedichtes erzählt wird, als für ein wirkliches Heldengedicht (Bd. III. S. 4).

Der Inhalt des heroischen Dramas.

Dryden vermißt ferner, wie er in demjelben Essay ausspricht, in den Dramen D'Avenants die nötige Fülle des Inhalts und die Verschiedenheit der Charakterzeichnung und fährt dann (Bd. III S 3) fort:

„And in the midst of this Consideration, by meer Accident, J opened the next Book that lay by me, which was Ariosto in Italian: and the very first two Lines of that Poem gave me Light to all J could desire:

Le Donne, J Cavalier, L'arme, gli amori,
Le Cortesie, l'audaci imprese io canto, etc.

For the very first Reflection which J made was this, That an Heroick Play ought to be an Imitation (in Little) of an Heroick Poem: and consequently that Love and Valour ought to be the Subject of it. Both these Sir William D'Avenant had begun to shadow: but it was so, as first Discoverers draw their Maps" ....

Der Inhalt und die Fabel, welche einer heroischen Dichtung zu Grunde liegen, zeichnen sich nun besonders dadurch aus, daß hier die Grenzen der Wahrscheinlichkeit etwas weiter gesteckt sind (Vorrede zu „Tyrannic Love", Bd. II.S. 5).

In dem „Essay on Heroick Plays" (Bd. III. S. 5 u. 6) hat Dryden diese Ansicht dann weiter ausgeführt:

Die strengen Gesetze der Wahrheit, so glaubt er annehmen zu dürfen, brauchen in der heroischen Dichtung keine Anwendung zu finden; hier ist es dem Dichter gestattet, seiner Einbildungskraft ungezwungen zu folgen. Sogar Geistererscheinungen sind gestattet, da es völlig genügt, daß solche Dinge in der Natur existiren können, denn was existiren kann, ist nicht unnatürlich.

In der Abhandlung „An Apology for Heroick Poetry and Poetick Licence" (Bd. IV. S. 10) wendet Dryden dann diese Erlaubnis auch für den Dichter eines biblischen Stoffes an, indem er hervorhebt, daß uns die Bibel selbst dazu berechtigt, immaterielle Wesen darzustellen, denn dies heilige Buch läßt uns ja die Engel als schöne Jünglinge erscheinen.

Daß es an und für sich dem Dichter erlaubt sein muß, über die Grenzen des wirklich Existirenden hinaus zu gehen, gesteht ihm schon Aristoteles (im Kapitel XXV) zu:

„Den Vorwurf, daß etwas unmöglich sei, widerlegt man damit, daß man saget, es sey dem Wesen der Dichtkunst gemäß, oder es sey verschönert, oder nach dem Volkswahne. Dem Wesen der Dichtkunst ist es gemäß, das unmögliche Wahrscheinliche dem unwahrscheinlich Möglichen vorzuziehen" . . . (S. 113).

Im Widerspruch indes mit der Ansicht Drydens, daß gerade für die heroische Dichtung ein Anhäufen übernatürlicher Wesen nicht unstatthaft sei, steht diejenige Cowley's.

Cowley bestreitet in einem Gedicht, das er an D'Avenant aus Anlaß der Abfassung von „Gondibert" richtet, daß eine solche Behandlung der heroischen Dichtart ein Vorteil für diese Dichtart sei. Er sagt, daß bis zu D'Avenant die heroische Poesie auf einer bunten Zusammenstellung von Göttern und Geistern beruht habe und daß alles andere, nur keine Menschen, in ihr vorgekommen sei. Die diesbezüglichen Bemerkungen finden sich im Anfange des Gedichtes:

„Methinks Heroick Poesie 'till now
Like some fantastick Fairy-land did show,
Gods, Devils, Nymphs, Witches and Giants race,
And all but Man, in Man's chief work had place.
Thou like some worthy Knight, with sacred Arms
Dost drive the Monsters thence, and end the Charms.
(Works, I. p. 144).

Dryden findet sich mit dieser Aeußerung des von ihm so hoch gerühmten Cowley in dem „Essay on Heroick Plays" (Bd. III. S. 6) dadurch ab, daß er ihm die eigene Inkonsequenz vorhält, die er trotz solcher Ansichten durch die Aufnahme von Engeln und Visionen in seiner „Davideis" begangen habe.

An anderer Stelle, in der Widmung vor den „Translations from Iuvenal" („Poetical Works" Bd. IV. S. 188), welcher er den Titel „A Discourse on Satire" gegeben hat, spricht sich indes Dryden selbst dahin aus, daß die christliche Religion den Dichter nur in geringem Maße mit derartigen Maschinen, d. h. mit in die Handlung eingreifenden Personifikationen höherer Gewalten zu versorgen vermöge, wie sie für die heroische Dichtung nötig sind:

„We cannot hitherto boast that our (Christian) religion has furnished us with many such machines, as have made the strength and beauty of the ancient buildings".

Kein anderer als Boileau hat den englischen Kritiker zu dieser Beobachtung angeregt, und Boileau wird auch selbst von letzterem als Gewährsmann genannt.

Dryden bezeichnet den Franzosen als "a great French critic, as well as an admirable poet" (Poetical Works Bd. IV. S. 186) und fügt hinzu, daß Boileau Tasso nicht ohne Grund dafür getadelt habe, weil dieser in einem seiner Gedichte die Person des Satans derjenigen des Erzengels Michael gegenübergestellt habe (ibid. S. 186, 187).

Ohne Zweifel hatte Dryden bei solchen Aeußerungen die folgende Stelle aus Boileau's "Art Poétique" im Sinne (chant III. v. 199—214):

De la foi d'un chretien les mystères terribles
D'ornements égayés ne sont point susceptibles
L'évangile à l'esprit n'offre de tous côtés
Que pénitence à faire et tourments mérités:
Et de vos fictions le mélange coupable
Même à ses vérités donne l'air de la fable.
Et quel objet enfin à présenter aux yeux
Que le diable toujours hurlant contre les cieux,
Qui de votre héros veut rabaisser la gloire,
Et souvent avec Dieu balance la victoire.
Le Tasse, dira-t-on, l'a fait avez succès
Je ne veux point ici lui faire son procès:
Mais, quoique notre siècle à sa gloire publie,
Il n'eût point de son livre illustré l'Italie
Si son sage héros, toujours en oraison,
N'eût fait que mettre enfin Satan à la raison.

In einem anderen Falle, wo sich Dryden in ganz ähnlicher Weise über den Inhalt der heroischen Dichtkunst ausspricht, sind Horaz und Rapin für ihn maßgebend gewesen.

In der "Apology for Heroick Poetry" (Bd. IV. S. 12) verlangt er, daß die dichterischen Freiheiten je nach Sprache und Lebenszeit des Dichters verschieden sein sollen. Der englische Genius im Besonderen gestattet hier nicht viele Freiheiten. Aber auch Horaz will das Verbinden verschiedener Gedanken, die verschiedenen Zeitaltern angehören, nicht gestatten — er würde also Milton getadelt haben, wenn dieser heidnische Gottheiten in seine Gedichte eingeführt hätte, wie Rapin Tasso aus demselben Grunde tadelt.

Diese Aeußerung bezieht sich auf die folgende Stelle bei Horaz:
"Pictoribus atque Poetis
Quidlibet audendi semper fuit aequa potestas
Scimus, et hanc veniam petimusque damusque vicissim
Sed non ut placidi coeant immitia, non ut
Serpentes avibus geminantur, Tigribus Haedi."
(D. A. P. v. 9 ff.).

Und Rapin sagt in den "Réflexions sur la Poétique" (Bd. II. S. 172 f.):

C'est cette proportion qu'Horace loüe tant dès l'entrée de sa Poëtique, en traitant de ridicules ces disproportions

extravagantes de la peinture, dont il parle, et qu'il compare
à ces aventures prodigieuses de daufins dans les forests et
de sangliers dans la mer, et à toutes ces autres images,
qu'il blâme si fort: parce qu'elles sont disproportionnées au
sujet. Et cette proportion que demande Aristote, n'est pas
seulement dans la quantité des parties, mais aussi dans la
qualité. En quoy le Tasse est fort défectueux, qui mêle
dans son Poëme le caractere badin avec le serieux, & toute
la force & la Majesté de la Poësie heroique à la delicatesse
de l'Eglogue & de la Poësie Lyrique."

Die Ansicht Drydens, daß bei der Verwendung der Maschinen
in der heroischen Dichtung der Dichter sich seiner Nation und seinem
Zeitalter anzupassen hat, indem er ihrem Geschmacke nachgiebt, wird mit
ähnlichen Worten von Corneille ausgesprochen:

„On me dira que ces apparitions (les machines) n'ont
garde de nous plaire, parce que nous en savons manifeste-
ment la fausseté et qu'elles choquent notre religion, ce qui
n'arrivoit pas chez les Grecs. J'avoue qu'il faut s'accom-
moder aux moeurs de l'auditeur et à plus forte raison à sa
croyance" (tome I. p. 75).

§ 18.
Die Tragikomödie als Abart der Tragödie. (Einheit der Handlung).

Die Einheit der Handlung schließt, je nachdem man sie streng oder
weniger streng beobachtet, die Tragödie als dramatische Schreibart aus,
oder erlaubt sie.

Jedes Drama, so läßt im „Essay of Dramatick Poesy" (Bd. I.
p. XL.) der Verfasser den Crites sagen, sollte, wie auch Corneille
vorschreibt, nur eine Haupthandlung enthalten; doch kann diese Haupt=
handlung nur durch das Zusammenwirken mehrerer untergeordneter Hand=
lungen, oder, wie sie im englischen Text genannt werden, mehrerer
„underplots" zustande kommen.

Die maßgebende Stelle bei Corneille lautet:

„Il n'y doit avoir qu'une action complète, qui laisse
l'auditeur dans le calme, mais elle ne peut le devenir que
par plusieurs autres imparfaites, qui lui servent d'achemine-
ments, et tiennent cet auditeur dans une agréable suspen-
sion" (Tome I. p. 99).

Daß in jedem Falle eine Doppelhandlung, wie sie in der Tragi=
komödie vorliegt, durchaus die Wirkung eines Dramas störe, wird im
„Essay of Dramatik Poesy" (Bd. I. p. LIV.) auf das Entschiedenste
von Lisideus vertreten.

In der Tragikomödie, so lauten seine Argumente, haben wir zwei
durchaus verschiedene Handlungen, und dadurch wird die Aufmerksamkeit
der Zuhörer in allen Fällen eine geteilte. Unsere englische Tragikomödie
ist durchaus absurd „in two Hours and a half we run through all
the Fits of Bedlam. The French afford you as much Variety
on the same Day. Our Poets present you the Play and the

Farce together; and our Stages still retain somewhat of the original civility of the Red Bull."

Die kraftvolle Sprache des Lisideus in seinen Angriffen gegen die Tragikomödie erinnert an diejenige, deren sich Sidney, der ja schon in der Vorrede zu den „Rival Ladies" von Dryden herangezogen ist, in seiner „Defence of Poesie" (S. 56 f.) über die Tragikomödie bedient.

Sidney macht den Dramendichtern seiner Zeit folgenden Vorwurf:

„But besides these grosse absurdities, howe all their Playes bee neither right Tragedies, nor right Comedies, mingling Kinges and Clownes . . . . to play a part in maiesticall matters, with neither decencie, nor discretion: So as neither the admiration and Commiseration, nor the right sportfulnesse, is by their mongrell Tragicomedie obtained . . . . But if we marke them well, wee shall finde, that they (the Ancients), neuer or verie daintily, matche horne Pypes and Funeralls."

Neander indes, der Vertreter Drydens selbst, ist anderer Meinung. Er beruft sich darauf, daß auch die Franzosen, darunter Molière, der jüngere Corneille und Quinault, in ihre ernsten Stücke das komische Moment hineingetragen haben. Außerdem hält er es für eine Art Erfrischung für die Zuschauer, wenn sie nach einer ernsten Scene sich durch das Anhören einer lustigen erholen können. Die Einheit der Handlung ist nach Neanders Ansicht auch in der Tragikomödie genügend bewahrt, wenn alle die unvollständigen Handlungen die Entwickelung der Haupthandlung unterstützen („Essay of Dramatick Poesy," Bd. I. p. LXIII. ff.).

Ganz anders lauten dann die Worte Drydens in der Vorrede zu „Troilus and Cressida" (Bd. V. S. 19):

„Too many Accidents, as I have said, incumber the Poet, as much as the Arms of Saul did David, for the Variety of Passions which they produce, are ever crossing and justling each other out of the Way. He who treats of Joy and Grief together, is in a fair way of causing neither of those Effects."

Wenn man bedenkt, daß diese Meinungsänderung sich gerade in der Vorrede zu „Troilus and Cressida" findet, die in so hohem Maße von dem französischen Kritiker Bossu beeinflußt ist, so darf man wohl nicht von der Hand weisen, daß letzterer hier auf Dryden eingewirkt hat.

Der französische Kritiker sagt in seinem „Traité du Poëme Epique" (tome I. p. 353 f.):

„Il faut donc éviter la Polymythie, ou le trop d'Histoires, trop de Fables, trop d'Actions: les aventures trop partagées & difficiles à retenir, & les intrigues que l'on ne peut aisément comprendre. Tout cela embrouille l'esprit, & demande tant d'attention, qu'il n'en reste plus pour les passions . . . . Entre ces obstacles qui ruïnent les Passions, les Passions mêmes ne sont pas les moindres. Les unes combattent et détruisent les autres; & si l'on met ensemble un sujet de joie & un sujet de tristesse: on ne fera sentir aucune des deux."

Später jedoch, in den Vorreden zu seinen letzten Stücken, äußert Dryden noch wiederholt, daß sein englisches Publikum mehr Abwechslung verlange, als durch eine in allen ihren Teilen ernste Handlung gewährt werden kann, und daß er sich dem Geschmack seiner Zeit fügen müsse.

So sagt er in der Widmung zum „Spanish Fryar", (Bd. V. S. 6), daß beständiger Ernst die Zuschauer ermüde und daß daher nur wenige ungereimte Tragödien ohne eingestreute lustige Scenen Aussicht auf Erfolg haben könnten.

In der Vorrede zum „Cleomenes" (Bd. VI. S. 2) bemerkt er ferner, daß eben dieses Stück den Versuch repräsentiere, nach einem einzigen „plot" zu schreiben und alles Hineinmischen von Komödienscenen zu vermeiden. Er fügt hinzu, daß dies die natürliche und richtige Art sei, ein Drama zu schreiben, daß indes der englische Geschmack einem solchen rein ernsten Drama wenig geneigt sei.

Dasselbe wiederholt er in der Vorrede zu „Don Sebastian" (Bd. VI. S. 8).

Die Engländer wollen nun einmal, sagt er hier, eine in allen ihren Scenen durchgeführte Tragödie nicht aufkommen lassen, sondern verlangen, daß jede Tragödie mit belustigenden Scenen durchsetzt wird.

§ 19.
Die Einteilung der Handlung in der Tragödie.

Wie eigentlich jede Tragödie nur auf einer einzigen Handlung aufgebaut sein sollte, so muß auch diese Handlung selbst in richtiger Weise angeordnet sein. Dazu gehört, daß sie einen natürlichen Anfang, eine natürliche Mitte und ein natürliches Ende hat. Ein natürlicher Anfang ist dasjenige, was mit Notwendigkeit vor allem andern stehen muß, und das Ende der Tragödie hat mit dem Ende der Handlung zusammen zu fallen.

So äußert sich Dryden in der Vorrede zu „Troilus and Cressida" (Bd. V. S. 6). Er bezieht sich bei dieser Aeußerung auf Aristoteles.

In der That sagt der letztere in dem Buche von der Dichtkunst (Kapitel VII):

„Wir haben aber oben festgesetzt, daß die Tragödie eine Darstellung einer vollständigen und ganzen Handlung ist, die eine gewisse Größe hat. Nun giebt es aber auch ein Ganzes, welches keine Größe hat. Ein Ganzes ist das, welches Anfang, Mitte und Ende hat. Der Anfang ist das, was an sich notwendig ist, aber nichts anderes voraussetzt, nach welchem aber etwas anderes ist oder entsteht. Das Ende ist das Gegenteil, und zwar das, was selbst auf etwas, entweder immer, oder doch in vielen Fällen folgt, aber nichts anderes zur Folge hat."

Corneille folgt bei seinen Anweisungen über die Einteilung der Handlung genau dem Aristoteles und fügt bezüglich des Schlusses der letzteren noch hinzu:

„Comme il est nécessaire que l'action soit complète, il faut aussi n'ajouter rien au delà, parce que quand l'effet est arrivé, l'auditeur ne souhaite plus rien et s'ennuie de tout le reste" (tome I. p. 28)

Die äußerliche Einteilung der Handlung, diejenige im Akte, giebt der Tragödie die äußere Form.

In dem „Essay of Dramatick Poesy" hat sich Dryden über diese Einteilung ausgesprochen.

Die Griechen, so läßt er hier den Eugenius sagen (Bd. I. p. XLIII. f.), kannten die Einteilung in Akte noch nicht; ihr einziges Mittel, ein Stück einzuteilen, war der Chor. In einigen griechischen Dramen müssen wir die Annahme gelten lassen, daß der Chor mehr als fünfmal gesungen hat.

Aristoteles teilt die Handlung eines Dramas in vier Teile: Die Einleitung, oder die protasis, welche uns über die vorkommenden Personen belehrt, die Schürzung des Knotens oder die epitasis, die Höhe des Stückes oder die catastasis, und die Lösung oder die catastrophe.

Wer zuerst die Zahl der Akte auf fünf beschränkte, steht nicht fest; aber schon Horaz verlangt:

„Neu brevior quinto neu sit productior actu".*)

Die Spanier haben nur drei Akte, und oft folgen auch die Italiener ihrem Beispiele.

Das Verhältnis der einzelnen Akte nach ihrem Inhalte wird in dem „Essay" von Crites besprochen (Bd. I. p. XXXVIII.):

Es kommt vor allen Dingen darauf an, so hebt dieser hervor, die einzelnen Akte mit ihrem Inhalt genau gegen einander abzumessen. Es sollte nicht vorkommen, daß ein Akt die Zeit eines halben Tages einnimmt, da in diesem Falle für die übrigen Akte zu wenig Zeit übrig bleibt. Auch soll der Dichter womöglich darauf achten, daß kein Akt mehr Zeit im wirklichen Leben einnimmt, als seine Darstellung auf der Bühne kosten würde. Jedenfalls sollten die im Verlauf der Handlung etwa vorzunehmenden zeitlichen Zwischenräume stets auch in die Pausen zwischen den einzelnen Akten verlegt werden.

Da der „Essay of Dramatick Poesy" überhaupt in hervorragender Weise von Corneille beeinflußt ist, darf man annehmen, daß auch die folgenden Aeußerungen des Franzosen nicht ohne Einfluß auf Dryden geblieben sind.

Corneille sagt über die Einteilung der Handlung in der Tragödie:

„De l'action je passe aux actes, qui en doivent contenir chacun une portion, mais non pas si égale qu'on n'en

---

*) Die Lesart des Verses ist eine ungewöhnliche — er lautet sonst: Neve minor neu sit quinto productior actu (D. A. P. v. 189).

réserve plus pour le dernier que pour les autres, et qu'on n'en puisse moins donner au premier qu'aux autres. . . . . . Aristote n'en prescrit le nombre. Horace le borne à cinq: et bien qu'il défende d'y en mettre moins, les Espagnols s'opiniâtrent à l'arrêter à trois, et les Italiens font souvent la même chose. Les Grecs les distinguent par le chant du chœur, et comme je trouve lieu de croire qu'en quelques-uns de leurs poëmes ils le faisoient chanter plus de quatre fois, je ne voudrois pas répondre qu'ils ne les poussassent jamais au delà de cinq" (tome I. p. 107).

Auch das, was Crites vorbringt, findet sich ähnlich bei Corneille:

„Je répète ce que j'ai dit ailleurs, que quand nous prenons un temps plus long, comme de dix heures, je voudrois que les huit qu'il faut perdre se consumassent dans les intervalles des actes, et que chacun d'eux n'eût en son particulier que ce que la représentation en consume, principalement lorsqu'il y a liaison de scènes perpétuelles, car cette liaison ne souffre point de vide entre deux scènes" (tome I. p. 114)

§ 20.
Die Zeitdauer des Darzustellenden und der Ortswechsel in der Tragödie.

Im „Essay of Dramatick Poesy" (Bd. I. p. LIII.) vertritt besonders Lisideus die strenge Beobachtung der Einheiten von Zeit und Ort.

Seine Argumente entstammen dem Corneille. Für einen großen Vorzug der französischen Bühne sieht er den Umstand an, daß sie vor allem die Einheit der Zeit in so genauer Weise innehält, daß man in Frankreich sogar begonnen hat, an der Zweckmäßigkeit der Tageseinheit von 24 Stunden Zweifel zu hegen. Man hat in dem genannten Lande darum den Vorschlag gemacht, den Zeitraum, den die Handlung eines Dramas im wirklichen Leben einnehmen darf, auf zwölf Stunden herab=zusetzen.

Diese Aeußerungen gehen auf die folgende Stelle bei Corneille zurück:

La règle de l'unité de jour a son fondement sur ce mot d'Aristote, que la tragédie doit renfermer la durée de son action dans un tour du soleil, ou tâcher de ne le passer pas de beaucoup. Ces paroles donnent lieu à cette dispute fameuse, si elles doivent être entendues d'un jour naturel de vingt-quatre heures ou d'un jour artificiel de douze: ce sont deux opinions dont chacune a des partisans considérables" (tome I. p. 111).

Hinsichtlich der Einheit des Ortes bemerkt zunächst Eugenius (Bd. I. p. XLV. f.), daß diese Einheit von den Alten nicht beobachtet wurde.

Erst die damaligen französischen Zeitgenossen hätten sie zur Bühnenregel erhoben. Manche verlangten sogar, so äußert sich dann Lisibens (Bd. I. p. LIII. f.), daß sich sämmtliche Scenen eines Stückes an einem und demselben Orte abspielen sollten, und jedenfalls würde in Frankreich darauf streng gehalten, daß alle Scenen wenigstens in derselben Stadt vor sich gehen müßten.

Auch zu dieser Bemerkung hat Corneille den Anlaß gegeben:
„Quant à l'unité de lieu," sagt der Franzose, „je n'en trouve aucun précepte ni dans Aristote ni dans Horace" (tome I. p. 117).

Und
„Je tiens donc qu'il faut chercher cette unité exacte autant qu'il est possible: mais comme elle ne s'accommode pas avec toute sorte de sujets, j'accorderois très-volontiers que ce qu'on feroit passer en une seule ville auroit l'unité de lieu" (tome I. p. 119).

§ 21.
Die Verbindung der einzelnen Scenen in der Tragödie.

Corneille ist auch für dasjenige maßgebend gewesen, was Crites und Lisibens im „Essay of Dramatick Poesy" über die Notwendigkeit eines inneren Zusammenhanges der einzelnen Scenen vorbringen, auf den ja die französischen Dramatiker großen Wert legten.

Die Franzosen, so äußert sich Crites (Bd. I. p. XXXIX) verändern niemals die Scene innerhalb eines und desselben Aktes.

Außerdem ist ihre Bühne niemals leer, und jeder neu auftretende Schauspieler motiviert sein Kommen dadurch, daß er demjenigen, welcher sich noch auf der Bühne befindet, irgend eine Mitteilung zu machen hat. Das nennt Corneille „la Liaison des Scènes."

Lisibens spricht sich in ähnlichem Sinne aus. (Bd. I. p. LXII). Er sagt in dem Essay, daß auf der französischen Bühne der Schauspieler nur auftritt, nachdem sein Auftreten gehörig begründet ist. Nichts ist lächerlicher, fügt er hinzu, als daß ein Schauspieler die Bühne verläßt, weil er nichts mehr zu sagen hat.

Daß diese Bemerkungen auf Corneille zurückgehen, zeigen die folgenden Aussprüche des französischen Dramatikers:

„La liaison des scènes . . . . . est un grand ornement dans un poëme" (tome I. p. 101).

Und
„Il faut, s'il se peut, y (i. e. dans les actes) rendre raison de l'entrée et de la sortie de chaque acteur, surtout pour la sortie je tiens cette règle indispensable, et il n'y a rien de si mauvaise grâce qu'un acteur qui se retire du théâtre seulement parce qu'il n'a plus de vers à dire" (tome I. p. 108).

§ 22.
Die Verwendung der bloßen Erzählung in der Tragödie.

Es ist nicht immer möglich, alles, was zur Entwicklung der Handlung beiträgt, auf der Bühne zur Darstellung zu bringen. Aus diesem Grunde haben sich die Schauspieldichter zu allen Zeiten des Mittels bedient, solche Ereignisse, welche sie nicht scenisch darstellen konnten, dadurch dem Publikum zu übermitteln, daß diese Ereignisse im Verlaufe des Stückes von den handelnden Personen erzählt werden.

Im „Essay of Dramatick Poesy" (Bd. I. p. LIX f.) ist es Lisideus, der wegen ihrer äußerst geschickten Benutzung dieses Hilfsmittels den Franzosen seine volle Anerkennung zu Teil werden läßt. Dabei können sich die letzteren, wie Dryden denselben Lisideus hinzufügen läßt, auf den Horaz berufen.

Der Verfasser des Essay hatte bei der letzten Aeußerung die folgende Stelle des Horaz im Sinne:

Aut agitur res in scenis, aut acta refertur
Segnius irritant animos demissa per aurem.
Quam quae sunt oculis subjecta fidelibus et quae
Ipse sibi tradit spectator: non tamen intus
Digna geri promes in scenam, multaque tolles
Ex oculis, quae mox narret facundia praesens.
Ne pueros coram populo Medea trucidet."

(D. A. P. v. 179 ff.).

Lisideus (Bd. I. p. LVIII) ist weiter der Ansicht, daß bei dem nur Erzählten zwei Arten zu unterscheiden sind: Einmal kann die Erzählung den Zweck haben, den Zuschauer mit Umständen bekannt zu machen, die sich vor dem Zeitpunkt ereignet haben, mit dem das Stück einsetzt; andrerseits kann sie zur Vermittlung von Vorgängen dienen, welche während des Stückes selbst sich hinter der Scene ereignen.

Von der ersten Art sagt Lisideus, daß ihre Verwendung nicht anzuraten ist, denn in vielen Fällen wird der Zuschauer diesen Erzählungen nicht seine volle Aufmerksamkeit schenken. Da er infolgedessen dann die Umstände nicht kennt, unter denen das Stück beginnt, wird er alles Interesse an dem Drama verlieren.

Die zweite Art der Erzählung indes ist, wie Lisideus fortfährt (Bd. I. p. LIX f.), äußerst nützlich, denn durch sie wird der Schlachtenlärm vermieden, welcher auf der englischen Bühne so oft eine störende Wirkung ausübt. Thöricht ist es ferner, einen Sterbenden auf die Bühne zu bringen; höchstens wird man dadurch das Lachen des Zuschauers herausfordern. Mit gutem Grund sagt Corneille, daß der Dichter keineswegs die Verpflichtung hat, jede kleine Nebenhandlung dem Zuschauer vorzuführen. Der Bühnenschriftsteller hat für die scenische Darstellung nur solche Handlungen auszuwählen, welche von besonderer Wirkung sind, mag nun diese Wirkung darin bestehen, daß sie das Auge des Zuschauers erfreuen, daß die Leidenschaft in ihnen einen besonders guten Ausdruck findet, oder mögen sie durch irgend einen anderen Umstand den Zuschauer fesseln. Das Uebrige aber hat der Dichter durch Erzählung dem Schauspielbesucher mitzuteilen.

Diese Darstellung des Lisibeus geht fast wörtlich auf Corneille zurück. Letzterer bespricht die Anwendung der Erzählung in folgender Weise:

„à quoi j'ajoute un conseil, de s'embarrasser le moins qu'il lui est possible de choses arrivées avant l'action qui se représente. Ces narrations importunent d'ordinaire, parce . . . . . qu'elles gênent l'esprit de l'auditeur, qui est obligé de charger sa mémoire de ce qui s'est fait dix ou douze ans auparavant, pour comprendre ce qu'il voit représenter, mais celles qui se font des choses qui arrivent et se passent derrière le théâtre, depuis l'action commencée, font toujours un meilleur effet, parce qu'elles sont attendues avec quelque curiosité, et font partie de cette action qui se représente" (tome I. p. 104 f.).

Und

„C'est ce qui me donne lieu de remarquer que le poëte n'est pas tenu d'exposer à la vue toutes les actions particulières qui amènent à la principale; il doit choisir celles qui lui sont les plus avantageuses à faire voir, soit par la beauté du spectacle, soit par l'éclat et la véhémence des passions qu'elles produisent, soit par quelque autre agrément qui leur soit attaché, et cacher les autres derrière la scène, pour les faire connaître au spectateur, ou par une narration, ou par quelque autre adresse de l'art" (tome I. p. 100).

Neander selbst muß den erwähnten Aeußerungen des Crites beistimmen. Er kann aber nicht umhin, sein Urteil in gewisser Weise dem Geschmack seiner zeitgenössischen Landsleute zu unterwerfen. Ich gebe zu, sagt er (Bd. I. p. LXVIII), daß es besser ist, wenn Lärm- und Schlachtenscenen nur erzählt werden; aber, mag es nun Gewöhnung, mag es angeborene Lust an solchen Scenen sein, unsre Landsleute wollen es nun einmal nicht dulden, daß man derartige Auftritte von der Bühne entfernt.

§ 23.

Die poetischen Mittel für die Charakterdarstellung in der Tragödie.

Ein höchst wichtiger Faktor für die Charakterdarstellung im Drama ist dasjenige, was Horaz als „mores", die französischen Kritiker als „les moeurs" und Dryden als „the manners" bezeichnet. Im Deutschen läßt sich der Ausdruck mit „die charakteristischen Merkmale" wiedergeben.

Es sind dies die äußeren und inneren Eigenschaften, die Neigungen und Lebensumstände, welche der Dichter seinen Personen zuschreibt.

Dryden giebt von den „manners" in der Vorrede zu „Troilus and Cressida" (Bd. V. S. 10) die folgende Definition:

„After the plot, which is the Foundation of the Play, the next thing to which we ought to apply our Judgment, is the Manners: for now the Poet comes to work above Ground: The Groundwork indeed is that which is most necessary, as that upon which depends the Firmness of the whole Fabrick: yet it strikes not the Eye so much, as the Beauties or Imperfections of the Manners, the Thoughts and the Expressions."

An anderer Stelle in der Vorrede (Bd. V. S. 11) sagt Dryden weiter über denselben Gegenstand:

„The manners in a Poem, are understood to be those Inclinations, whether natural or acquir'd, which move and carry us to Actions, good, bad or indifferent in a Play; or which incline the Persons to such and such Actions .... a Poet ought not to make the Manners perfectly good in his best Persons, but neither are they to be more wicked in any of his Characters, than Necessity requires. To produce a Villain, without other Reason than a natural Inclination to Villainy, is in Poetry to produce an Effect without a Cause."

Hier, wie überhaupt bei einem bedeutenden Teile desjenigen, was Dryden in der Vorrede zu „Troilus and Cressida" geäußert hat, ist der englische Kritiker von Bossu beeinflußt.

Daß Dryden selbst den Franzosen zu wiederholten Malen in dieser Vorrede nennt, ist schon früher hervorgehoben.

Bezüglich des soeben von Dryden über die „manners" Geäußerten mag auf die folgende Bemerkung Bossus verwiesen werden:

„Sous le nom de Mœurs, nous comprenons toutes les inclinations naturelles ou acquises qui nous portent à des actions bonnes, mauvaises or indifférentes." („Traité du Poëme Epique" tome II. p. 1)

Und

„Ainsi Aristote reprend les mœurs vicieuses, non parce-qu'elles sont vicieuses, mais parce-qu'elles le sont sans nécessité" (ibid. tome II. p. 51).

Die „manners" nun, bemerkt Dryden in der Vorrede zu „Troilus and Cressida" (Bd. V. S. 11) weiter, gründen sich entweder auf die geistigen Anlagen und die Neigungen der Personen, oder auch auf die Verschiedenheiten von Alter, Geschlecht, Stand und Nation. Um sie richtig darzustellen, bedarf es für den Dichter des Studiums der Naturphilosophie, der Ethik und der Geschichte.

Bei der Verwendung der „manners" für die Charakterzeichnung ist dann nach Dryden Folgendes ins Auge zu fassen:

„But as the Manners are useful in this Art," heißt es in der Vorrede zu „Troilus and Cressida" (Bd. V. S. 11 f.) weiter, „they may be all compris'd under these general Heads: First, they must be apparent, that is, in every Character of the Play, some Inclination of the Person must appear .... Secondly, the Manners must be suitable or agreeing to the Persons, that is, to the Age, Sex, Dignity, and the other general Heads of Manners .... The third Property of Manners is Resemblance: and this is founded upon the particular Characters of Men, as we have them

deliver'd to us by Relation or History . . . . The last
Property of Manners is, that they be constant, and equal,
that is, maintained the same through the whole Design."

Indem er sich auf Horaz beruft, fügt Dryden noch hinzu
(S. 12):
„All these Properties Horace has hinted to a judicious
Observer:
1. Notandi sunt tibi mores. 2. Aut famam sequere.
3. Aut sibi convenientia finge. 4 Servetur ad imum, qualis
ab incepto processerat (sic!), & sibi constet."

Horaz hat in der gewöhnlichen Lesart die erste Forderung nicht so
kurz ausgedrückt, sondern in einer Anzahl von Versen umschrieben. Indes
muß zu Drydens Zeit auch das „notandi sunt tibi mores" in den
Horazausgaben gestanden haben, denn auch Bossu hat es bei seinen
gleich zu erwähnenden Auseinandersetzungen zitiert.

Die bezüglichen Verse lauten bei Horaz in der gebräuchlichen Lesart:
. . . . Tristia maestum
Vultum verba decent, iratum plena minarum,
Ludentem lasciva, severum seria dictu.
(D. A. P. v. 105 ff.).
Intererit multum divusne loquatur an heros,
Maturusne senex an adhuc florente juventa
Fervidus, et matrona potens an sedula nutrix.
(ibid. v. 114 ff).
Aut famam sequere aut sibi convenientia finge.
(ibid. v. 119).
Si quid inexpertum scenae committis et audes
Personam formare novam, servetur ad imum
Qualis ab incepto processerit, et sibi constet.
(ibid. v. 125 ff.).

Bossu hat sich in seinem „Traité du Poëme Epique" (tome II·
S. 53) in ganz ähnlicher Weise über die „manners" ausgesprochen·
Die kurzen Bezeichnungen „appear", „suitable or agreeing", „Resemblance", „equal" bei Dryden entsprechen seinen französischen Bezeichnungen.
Von ihm hat Dryden wahrscheinlich auch die Reihenfolge der Bezeichnungen entnommen, denn nach der Reihenfolge bei Horaz, wie Dryden
sie anführt, mußte die Forderung der „Resemblance", die ja dem
horazischen „aut famam sequere" entspricht, an zweiter Stelle, die
Forderung des „suitable or agreeing", der das horazische „aut sibi
convenientia finge" gegenübersteht, an dritter stehen.

Bossu indes hat die vier Forderungen so angeordnet, wie es auch
Dryden thut, hat aber dabei konsequenter Weise auch in seinem lateinischen Zitat das „famam sequere" erst an die dritte Stelle gesetzt.
Die kurzen Bezeichnungen der vier Forderungen entsprechen bei ihm, wie
bereits erwähnt, den von Dryden gebrauchten.

Bossu sagt:
„Horace ne parlant jamais de la vertu comme d'une
chose nécessaire, recommande d'observer dans les Mœurs

les quatre conditions qu' Aristote exige aussi: La 1. est:
Qu'elles paroissent. La 2. Qu'elles soient Convenables.
La 3. Qu'elles soient Semblables: & la 4. Qu'elles soient
Egales."
  („Traité du Poëme Epique" tome II. S. 54).
  Noch bei einer anderen Darlegung, die sich ebenfalls auf die so
beschriebenen „manners" bezieht, hat Bossu auf Dryden eingewirkt.
Auch diese Darlegung findet sich in der Vorrede zu „Troilus and
Cressida" (Bd. V. S. 15).

Dryden wirft hier die Frage auf, ob es einem Dichter erlaubt
sei, die „manners" einer bekannten geschichtlichen Persönlichkeit zu ver-
ändern, um ihren Charakter mehr ihrer Stellung anzupassen, falls in der
Geschichte ihre Eigenschaften sich nicht mit ihrem Stande vertragen?
Bossu, fahrt Dryden dann fort, soll diese Frage für mich durch ein
Beispiel beantworten: Mauritius, der griechische Kaiser, war eine
Person, die in hohem Maße von dem Laster der Habsucht beherrscht
wurde, einem Laster, das den Eigenschaften eines Helden oder eines
Fürsten widerspricht. Daher will der französische Kritiker jenen Kaiser
nur in dem Falle als dramatische Persönlichkeit gelten lassen, daß nur
seine guten Eigenschaften hervorgehoben werden, während sein Geiz durch
die Kunst des Dichters verdeckt wird.

Die Stelle entspricht genau den Worten, welche Bossu in dem oft
erwähnten „Traité du Poëme Epique" (tome II. p. 55) geäußert hat:
  „En voici un exemple dans la personne de l'Empereur
Maurice. Ses inclinations ne seroient pas convenables à la
dignité d'Empereur, si on le faisoit avare: et elles ne seroient
pas Semblables à ce que l'on en connait, si on le faisoit
magnifique et libéral."
Und p. 57:
  „Mais il peut y être emploié, si la Fable souffre que
l'on dissimule son avarice, sans le changer en libéralité.
  Noch einen Punkt hebt Dryden hervor, der mit der Darstellung
der „manners" zusammenhängt.

Auch bei einem leidenschaftlichen Charakter, so verlangt er in der
Vorrede zu „Troilus and Cressida" (Bd. V. S. 18), ist Maß in der
Veranschaulichung der Leidenschaft zu halten.

  „They who would justify the Madness of Poetry from
the Authority of Aristotle, having mistaken the Text, and
consequently the Interpretation", lauten hier die Worte Drydens,
„I imagine it to be false read, where he says of Poetry .....
that it had always somewhat in it either of a Genius, or
of a Mad-man. 'Tis more probable that the Original ran
thus, ... That it belongs to a Witty-man, but not to
a Mad-man."

  Die von Dryden in dieser Weise aufgefaßte Stelle findet sich bei
Aristoteles im siebzehnten Kapitel:
    „Um deswillen ist die Dichtkunst das Talent des Geistreichen
  oder des Enthusiasten, der eine bildet glücklich nach, der andere
  versetzt sich in jede Menschennatur."

In diesem Falle ist darauf hinzuweisen, daß auch Rapin den Aristoteles in Drydens Sinne versteht.

In seinen „Réflexions sur la Poëtique" (Bd. II. S. 120) sagt der Franzose:

„Il n'est nullement vray, comme la pluspart du monde le croit, qu'il doive entrer dans le caractère de la Poësie de la fureur Car quoy qu'en effet le discours du Poëte doive, en quelque façon ressembler au discours d'un homme inspiré, il est bon toutefois d'avoir l'esprit fort serein, pour sçavoir s'emporter, quand il le faut, et pour regler ses emportemens . . . . . Il est vray qu' Aristote reconnut quelque chose de divin dans le caractère du Poëte: mais il n'y reconnait rien de furieux."

§ 24.
Die handelnden Personen in der Tragödie.

Sind die charakteristischen Merkmale oder die „manners" bei einer Persönlichkeit in geschickter Weise hervorgehoben, so ist damit die Persönlichkeit vom Dichter richtig dargestellt.

Der Charakter, bemerkt Dryden in der Vorrede zu „Troilus and Cressida" (Bd. V. S. 12), ist nichts weiter als die Summe der natürlichen Neigungen, wie sie sich bei den Personen eines Dramas zeigen. Ein Charakter läßt sich als die Summe desjenigen definieren, was einen Menschen von dem andern unterscheidet. Der Charakter einer Person kann daher nicht auf einer einzigen besonderen Tugend oder einem besonderen Laster beruhen, sondern er stellt das Zusammenwirken von Eigenschaften dar, welche sich gegenseitig nicht widersprechen.

Bossu ist es, der seine Ansicht in durchaus gleicher Weise zur Sprache bringt:

„De ce que nous avons dit nous pouvons conclure, que dans le Poëme Epique, le caractère n'est proprement aucune vertu ni aucune qualité en particulier; mais un composé de plusieurs, qui sont mêlées en différent degré, suivant la nécessité de la Fable, et l'unité de l'Action, avec les ornemens et la beauté dont il est capable." (Traité du Poëme Epique", tome II. p. 95).

Unter den darzustellenden Personen muß nun eine sein, um welche sich die Haupthandlung dreht, und die so zum Helden oder zur Heldin der Tragödie wird.

So äußert sich der englische Kritiker als Neander im „Essay of Dramatick Poesy" (Bd. I. p. LXVII) und in der Vorrede zu „Troilus and Cressida" (Bd. V. S. 8) giebt er für die dichterische Darstellung des Helden folgende Vorschrift:

„Here 'tis observable, that it is absolutely necessary to make a Man virtuous, if we desire he should be pity'd: We lament not but detest a wicked Man . . . . . As for a perfect Character of Virtue, it never was in Nature; and

therefore there can be no Imitation of it: But there are
Allays of Frailty to be allow'd for the chief Persons, yet
so that the Good which is in them, shall outweigh the Bad:
and consequently leave Room for Punishment on the one
Side, and Pity on the other."

So hat schon Aristoteles den Begriff des Helden aufgefaßt, und
keiner seiner Kommentatoren ist von dieser Auffassung abgewichen.

Beispielsweise äußert sich Corneille in dieser Beziehung in folgenden Worten:

„En premier lieu, il (i. e. Aristote) ne veut point qu'un
homme fort vertueux y tombe de la félicité dans le malheur,
et soutient que cela ne produit ni pitié, ni crainte, parce
que c'est un événement tout à fait injuste." (tome I. p. 55).

Und

„Il reste donc à trouver un milieu entre ces deux extrémités, par le choix d'un homme qui ne soit ni tout à fait
bon, ni tout à fait méchant." (tome I. p. 56).

§ 25.
Die Lösung in der Tragödie.

Die Lösung einer Tragödie, so äußert sich Dryden in der Widmung zum „Spanish Fryar" (Bd. V. S. 6), braucht keineswegs darauf zu beruhen, daß der Dichter am Ende seines Stückes ein allgemeines Sterben eintreten läßt. Im Gegenteil, es ist bedeutend leichter, stets mit Dolch und Gift bei der Hand zu sein, als schließlich im letzten Augenblicke alles wieder gut zu machen, und zwar durch geschickte Verwendung von Ereignissen, die der Wahrscheinlichkeit nicht widersprechen.

In der Widmung zu „Love Triumphant" (Bd. VI. S. 3 f.) findet sich außerdem die Bemerkung, daß trotz der Ansicht des Aristoteles auch ein Herbeiführen der Lösung durch bloße Willensänderung der Wirkung eines Dramas keinen Abbruch zu thun braucht, wie aus dem „Cinna" des Corneille mit Evidenz hervorgeht.

Corneille selbst hat sich gegen die bloße Willensänderung als lösendes Motiv ausgesprochen, trotzdem er in dem eben erwähnten Stück diese seine Meinung nicht praktisch durchgeführt hat. Er sagt:

„Dans le dénouement je trouve deux choses à éviter,
le simple changement de volonté et la machine. Il n'y a pas
grand artifice à finir un poëme, quand celui qui a fait obstacle aux desseins des premiers acteurs durant quatre actes,
en désiste au cinquième, sans aucun événement notable qui
l'y oblige." (tome I. p. 105).

§ 26.
Der Vers in der Tragödie.

Es handelt sich dann noch um das äußere, sprachliche Gewand, in welches die Tragödie und das Drama überhaupt einzukleiden ist. Zweierlei kommt hier in Frage: Entweder wird auch für das Trauerspiel die Sprache des gewöhnlichen Lebens, die Prosa, angewandt, oder der Bühnen=

Schriftsteller gebraucht die Dichtersprache, den Vers. Dryden im Besonderen hat auf die Entscheidung der Frage Wert gelegt, ob für den Vers der Tragödie der Reim anzuwenden ist, oder nicht.

Für die Komödie fordert Dryden die Verwendung des Verses nicht („Essay of Dramatick Poesy" Bd. I. p. LXXXV), über die Anwendung des gereimten Verses bei der Tragödie hat er mit großer Breite gehandelt. Auch hier hat indes Dryden, zum Teil aus praktischen Gründen, seine Ansicht mit der Zeit geändert.

Zunächst rechtfertigt er sich in der Widmung zu den „Rival Ladies" (Bd. I. S. 6 ff.) gegen den Vorwurf der Neuerung. Er macht geltend, daß schon lange vor seiner Zeit Dramen in englischen Versen existiert hätten, und daß die übrigen gebildeten Nationen ebenfalls dem Gebrauche des Reimes huldigten.

Er fährt dann fort (ibid. S. 8):

„The Advantages which Rhyme has over blank Verse, are so many, that it were lost time to name them: Sir Philipp Sidney, in his Defence of Poesie gives one, which in my Opinion, is not the least considerable: I mean the help it brings to Memory: which Rhyme so knits up by the Affinity of Sounds, that by remembring the last Word in one Line, we often call to mind both the Verses".

Sidney gesteht allerdings dem Reim diesen Vorteil zu, wenn er auch selbst der Anwendung des Reimes nicht so günstig erscheint, wie aus der Aeußerung Drydens hervorgehen würde.

Der geistreiche Zeitgenosse der Elisabeth sagt in seiner „Defence of Poesie" (S. 38 f.):

„Thus much is vndoubtedly true, that if reading be foolish without remembring, Memoire being the onely treasure of knowledge, those words which are fittest for memory, are likewise most conuenient for knowledge. Now that Verse far exceedeth Prose in the knitting vp*) of the memoirie, the reason is manifest, the words . . . . . being so set, as one cannot be lost, but the whole woorke failes: which accusing it selfe, calleth the remembrance back to it selfe, and so most strongly confirmeth it. Besides one word, so as it were begetting an other, as be it in rime or measured verse, by the former a m͞a shall haue a neare gesse to the follower."

Rühmend hebt Dryden in derselben Widmung auch noch den Umstand hervor, daß der Reim besonders dazu geeignet ist, dem heftig erregten Dialog Kraft und Nachdruck zu verleihen (Bd. I. S. 9).

Ins Einzelne gehende Auseinandersetzungen über die Verwendung des Reims im Trauerspiel hat Dryden in dem „Essay of Dramatick Poesy" gegeben. In der Widmung (Bd. I. S. 2) hebt er hervor, daß er auch noch zu der Zeit, als der Essay gedruckt wurde — 1668 —, seiner darin geäußerten Meinung über den Reim treu geblieben sei, wenn auch

---

*) Der Ausdruck So knits up findet sich auch in dem eben gebrachten Zitat aus Dryden.

die Praxis ihn gezwungen habe, die Durchführung seiner Ansicht in seinen Werken selbst vorläufig aufzugeben.

Von den im „Essay of Dramatick Poesy" redend eingeführten Personen ist es besonders Crites, welcher den Reim als in einem dramatischen Produkt unnatürlich verwirft, da ein Drama das wirkliche Leben wiedergeben soll. Crites bezieht sich dabei auf die Autorität des Aristoteles.

„For a Play is the „Imitation of Nature" lauten seine Worte (Bd. I. p. LXXXII) and since no mar, without Premeditation, speaks in Rhyme, neither ought he to do it on the Stage ..... and therefore it cannot be but Unnatural to present the most free way of Speaking, in that which is the most constrain'd. For this Reason, says Aristotle: 'Tis best to write Tragedy in that Kind of Verse which is the nearest Prose: And this amongst the Ancients was the Jambique, and with us is Blank Verse, or the Measure of Verse kept exactly, without Rhyme. These Numbers therefore are fittest for a Play ..... And if it be objected, that neither are Blank Verse made extempore, yet as nearest Nature, they are still to be preferr'd."

Dies Argument des Crites stammt aus dem vierten Kapitel des Buches von der Dichtkunst. Es heißt hier:

„Als aber die Tragödie nun erst ihre eigene Sprache hatte, da fand sie auch bald ihr eigentliches Sylbenmaaß: Denn der Jambe ist unter allen Sylbenmaßen das natürlichste zum Sprechen. Dies können wir aus unserer täglichen Umgangssprache leicht abnehmen, in welcher wir uns oft Jamben, selten aber, und nur, wenn wir uns über die Sphäre der Prosa versteigen, Hexameter entfallen lassen."

Auf das Heftigste bestreitet Crites ferner die von Dryden schon in der Widmung zu den „Rival Ladies" ausgesprochene Behauptung, daß die Schlagfertigkeit von Rede und Antwort im Dialog durch den Reim besonders hervorgehoben werde. Mit Nachdruck wird von ihm geltend gemacht, daß solche Schlagfertigkeit hohe dichterische Begabung bei allen auftretenden Personen voraussetze. (Bd. I. p. LXXXIII).

Ein anderes Argument Neanders, welches darauf hinausgeht, daß die allzu üppige Dichterphantasie durch den Zwang des Verses in den nötigen Schranken gehalten wird, weist Crites mit der Aeußerung zurück, daß der wirklich berufene Dichter auch ohne Zwang seiner Phantasie die nötigen Zügel anlegen, daß aber den Unberufenen auch der Verszwang hierzu nicht veranlassen werde (Bd. I. p. LXXXIV).

Neander seinerseits macht gegen ihn geltend, daß auch der Reimvers durch gute Wahl der Worte sowie durch passende und ungezwungene Stellung derselben natürlich gemacht werden kann (Bd. I. p. LXXXV f.). Er sagt dann weiter (Bd. I. p. LXXXVI):

„If you object that one Verse may be made for the sake of another, though both the Words and Rhyme be apt: J answer, it cannot possibly so fall out; for either there is a Dependance of Sense betwixt the first Line and the second: If there be that Connection, then in the natural

Position of the Words, the latter Line must of necessity flow from the former. If there be no Dependance, yet still the due Ordering of Words makes the last Line as natural in it self as the other."

Ein ähnlicher Vorwurf, wie derjenige, gegen den hier Neander den Reim zu verteidigen sucht, wurde bereits von Sidney gegen nachlässige Dichter ausgesprochen. Auch Sidney sagt, daß in vielen Fällen ein Vers um des Reimes willen einen anderen nötig macht, ohne daß die natürliche Darstellungsweise einen zweiten Vers erfordert.

Es heißt in der „Defence of Poesy" (S. 54 f.):

„Besides these, J doo not remember to haue scene but fewe (to speak boldly) printed that haue poeticall sinnewes in them. For proofe whereof, let but moste of the Verses bee put in prose, and then aske the meaning, and it will bee founde, that one Verse did but beget another, without ordering at the first, what should be at the last, which becomes a confused masse of words, with a tingling sound of ryme, barely accompanied with reasons. Our Tragidies, and Comedies, not without cause cryed out against, obseruing rules, neither of honest ciuilitie, nor of skilfull Poetrie."

Ein weiteres Argument, welches Neander im „Essay of Dramatick Poesy" (Bd. I. p. XC) für den Reim geltend macht, geht darauf hinaus, daß er für die Tragödie, als für die edelste Art, in welcher sich das Dichtergenie bethätigt, auch die edelste Weise, sich dichterisch auszudrücken, den Reim, in Anspruch nimmt.

Er fährt dann fort (ibid.):

„Tragedy we know is wont to image to us the Minds and Fortunes of Noble Persons, and to pourtray these exactly; Heroick Rhyme is nearest Nature, as being the noblest Kind of modern Verse."

Dryden führt zur Bekräftigung des von ihm Geäußerten den horazischen Vers an:

„Effutire leves indigna tragœdia versus" (D. A P. v. 231). Jedenfalls ist hier aber auch auf Samuel Daniel zu verweisen, den Dryden im „Essay of Dramatick Poesy" (Bd. I. p. LXXXVII) erwähnt, und der in derselben Weise für den Reim eingetreten ist, wie Dryden. Seine Worte lauten:

„Those numbers wherewith heau'n and earth are mou'd
Shew, weakenesse speakes in Prose, but powre in Verse
Wherein thou likewise seemest to allow
That th'acts of worthy men should be preseru'd
As in the holiest Tombes we can bestow
        (Works of Sam. Daniel. Vol. 1. p. 256).

Dryden fährt dann (Bd. 1. p. XCI) fort:

„Blanck Verse is acknowledg'd to be too low for a Poem; nay more, for a Paper of Verses; but if too low for an ordinary Sonnet, how much more for Tragedy, which is by Aristotle, in the Dispute betwixt the Epick Poesy and the Dramatick, for many Reasons he there alledges, rank'd above it!"

Diese Aeußerung Drydens hat ihm nachher den Spott im „Rehearsal" eingetragen.

In letzterer Schrift sagt nämlich Johnson zu Bayes, der Persönlichkeit, unter welcher Dryden dargestellt ist (S. 109):
„But, Mr. Bayes, pray why is this Scene all in Verse?"
Und Bayes antwortet darauf:
„O, Sir, the subject is too great for Prose."
Worauf Smith versetzt:
„Well said, i' faith; I'll give thee a pot of Ale for that answer; 'tis well worth it."

Später ist dann Dryden, hauptsächlich aus praktischen Gründen, dem im „Essay of Dramatick Poesy" so nachdrücklich verteidigten Reim nicht treu geblieben.

Zwar sagt er noch im „Essay of Heroick Plays" (Bd. III. S 1 f.), welcher die Vorrede zum ersten Teile der „Conquest of Granada" (1672) bildet, daß der Blankvers ebenso wenig die Sprache der gewöhnlichen Unterhaltung sei, als der reimende Vers und daß daher der letztere sehr wohl im heroischen Drama Verwendung finden könne, aber er stellt es hier schon jedem frei, in Versen oder nicht in Versen zu schreiben, je nachdem es dem natürlichen Talent des Einzelnen angemessen ist.

Im Prolog zu „Aureng-Zebe (Bd. IV.) — 1676 — gesteht er selbst:
„Our Author by Experience finds it true.
'Tis much more hard to please himself than you
. . . .
And to confess a Truth (though out of time)
Grows weary of his long-lov'd Mistress, Rhyme."

In der Vorrede zu „Albion and Albanius" (Bd. V. S. 2) — 1685 — gebraucht endlich Dryden den Satz:
„It appears indeed preposterous at first sight, That Rhyme, on any consideration, should take Place of Reason"

Das Lustspiel.

§ 27.

Das Wesen des Lustspiels.

Von dem Lustspiel giebt Aristoteles im fünften Kapitel folgende Definition:
„Das Lustspiel ist, wie wir oben sagten, eine Nachahmung fehlerhafter Menschen, nicht eben nach ihrer ganzen Fehlerhaftigkeit, sondern nur in unanständigen Handlungen, wenn sie lächerlich machen."

Dryden nennt das Lustspiel in der Vorrede zum „Wild Gallant" (Bd. I. S. 1) den schwersten Teil der dramatischen Dichtung.

Neander hebt ferner im „Essay of Dramatick Poesy" (Bd. I. p. LXXIV) hervor, daß das Lustspiel seine Charaktere am besten dem wirklichen Leben entlehnen soll und fährt fort (Bd. I. p. LXXVIII):
„. . . . 'tis Comedy where the Persons are only of common Rank, and their Business private, not elevated by Passions or high Concernments, as in serious Plays."

Dabei ist es indes keineswegs erlaubt, wie Dryden in der Vorrede zu „An Evening's Love" (Bd. II. S. 4) noch hinzufügt, die Thorheiten einer lebenden Persönlichkeit herauszugreifen und durch die Darstellung solcher Thorheiten auf der Bühne die betreffende Person dem Spotte preiszugeben.

§ 28.
Der „Witz" („Wit") im Lustspiel.

Die Hauptzierden des Lustspiels sind zwei Momente, die Dryden mit den zu seiner Zeit gewöhnlichen Bezeichnungen „Wit" und „Humour" nennt.

Was er unter „Wit" versteht, definiert er dann in der „Apology for Heroick Poetry and Poetick Licence" (Bd. IV S. 12 f.) als „Propriety of Thoughts and Words: or. in other Terms. Thoughts and Words elegantly adopted to the Subject."

Aus dieser Definition geht hervor, daß der Ausdruck „Wit" dem deutschen „Witz" nicht völlig entspricht. Er nähert sich vielmehr dem französischen „esprit".

„Wit" zeigt nach Dryden (Vorrede zu „An Evening's Love". Bd. II. S. 6) der Schriftsteller vor allem im Dialog der Komödie, in der Schlagfertigkeit von Rede und Gegenrede.

Zu verwerfen ist es in diesem Falle — und hier trifft nach Dryden (ibid. S. 7) auch Shakespeare und Fletcher ein Vorwurf —, wenn der Schriftsteller versucht, in jedem Worte seinen Geist, seinen „Wit" darzuthun, denn es liegt die Gefahr nahe, daß dadurch der Dialog zu einem unnatürlichen und gezwungenen wird. Lieber mag jeder Versuch, geistreich und witzig zu sein, überhaupt unterbleiben, als daß jedem Worte mit Gewalt der Stempel des Geistreichen aufgedrückt wird.

Diesen Ausspruch stützt Dryden durch die fünfte Strophe der „Ode of Wit" von Cowley.

Die Strophe beginnt:
„Yet 'tis not to adorn and gild each part:
That shows more Cost. than Art.
Jewels at Nose and Lips but ill appear:
Rather, than all things Wit. let none be there."
(Works. vol. I. p. 135).

Dieselbe „Ode of Wit" hat noch einmal Dryden Gelegenheit gegeben, sich auf die Autorität Cowleys zu beziehen.

In der Vorrede zu den Uebersetzungen aus Theokrit, Lukrez und Horaz (Poetical Works. Bd. II. S. 525) äußert Dryden, daß ein unmoralischer Inhalt des Gesagten mit dem Begriffe des „Wit" unvereinbar sei. Seine Worte lauten:
„It is most certain that barefaced bawdry is the poorest pretence to wit imaginable."

Das Entsprechende steht bei Cowley in der zweiten Hälfte der sechsten Strophe:
„Much less can that have any place
At which a Virgin hides her Face
Such dross the Fire must purge away; 'tis just
The Author blush. there, where the Reader must.
(Works. vol. I. p. 136.)

Mit Rücksicht auf den ersten der beiden erwähnten Punkte, das Maßhalten bei dem Gebrauche geistreicher Wendungen, verweist Dryden in der genannten Vorrede (S. 524) auch auf einen „Essay on Poetry", dessen Verfasser er zwar nicht nennt, von dem er aber sagt, daß Lord Roscommon ihm zu Anfang des „Essay on Translated Verse" besonderes Lob angedeihen läßt.

Dieser „Essay on Poetry" ist von John Sheffield, Duke of Buckingham verfaßt, und enthält die folgenden Zeilen, die durchaus dem von Dryden und Cowley Geäußerten entsprechen:

„Another Fault which often may befall,
Is, when the Wit of some great Poet shall
So overflow, that is, be none at all;
That ev'n his Fools speak Sense, as if possest
And each by Inspiration breaks his Jest.
. . . .
Humour is all: Wit should be only brought
To turn agreeably some proper Thought."
(Works, vol. I. p. 141.)

Auch für den zweiten Punkt in der Darlegung Drydens, daß nämlich der Begriff des Geistreichen („Wit") nichts mit dem Begriff des Schlüpfrigen zu thun habe, ist von Dryden neben der Autorität Cowleys diejenige Buckinghams herangezogen worden (Poetical Works, Bd. II. S. 524 f.).

Buckinghams Verse lauten:

„Here, as in all Things else, is most unfit
Bare Ribaldry that poor Pretence to Wit.
. . . .
Not that warm Thoughts of the transporting Joy
Can shock the chastest, or the nicest cloy;
But words obscene, too gross to move Desire,
Like Heaps of Fuel, only choak the Fire.
(Works, vol. I. p. 131 f.).

Um ein geistreiches Lustspiel zu schreiben, hat der Dichter, wie ihm Dryden in der Vorrede zu „An Evening's Love" (Bd. II. S. 6) anrät, besonders die Worte Quintilians zu beachten.

„I would have more of the Urbana, venusta, salsa, faceta, and the rest which Quintilian reckons up as the Ornaments of Wit", verlangt hier Dryden.

Bei dieser Aeußerung hatte er jedenfalls die folgende Stelle im Gedächtnis, an welcher die Begriffe des „urbana, venusta, salsa, faceta" von Quintilian näher erklärt werden:

„Pluribus autem nominibus", heißt es im dritten Kapitel des sechsten Buches der „Institutio Oratoria", „in eadem re uulgo utimur, quae tamen si diducas, suam quandam propriam uim ostendent, nam et urbanitas dicitur, qua quidem significari uideo sermonem praeferentem in uerbis et sono et usu proprium quendam gustum urbis et sumptam ex conuersatione doctorum tacitam eruditionem, denique cui contraria sit rusticitas. uenustum esse, quod cum gratia quadam et uenere dicatur, apparet. salsum in consuetudine pro ridiculo tantum accipimus: natura non utique hoc est: quamquam et ridicula esse oporteat salsa . . . . . facetum quoque non tantum circa ridicula opinor consistere. . . . ."

(Bd. II. S. 531—534.)

Vor allem zeigt sich das Geistvolle, wie Dryden in der genannten Vorrede fortfährt, bei der Schlagfertigkeit der Antworten im Dialog.

„As for Repartee in particular", lautet der englische Text, „as it is the very Soul of Conversation, so it is the greatest Grace of Comedy, where it is proper to the Characters: there may be much of Acuteness in a thing well said; but there is more in a quick Reply" (Bd. II. S. 6 f.).

Diesen Worten folgt gleich der lateinische Satz:

„Sunt enim longe venustiora omnia in respondendo quam in provocando".

Die letztere Stelle stammt ebenfalls aus dem Quintilian und lautet im Zusammenhange:

„occasio vero et in rebus est. cuius est tanta uis, ut saepe adiuti ea non indocti modo, sed etiam rustici salse dicant, et in eo, quid aliquis dixerit prior: sunt enim longe uenustiora omnia in respondendo quam in prouocando."

(Bd. II. S. 526 ff.)

§ 26.
Der Humor („Humour") im Lustspiel.

Das zweite Hauptmoment, das bei dem Lustspiel in Frage kommt, bezeichnet Dryden als „Humour". Im Deutschen kann man diesen Ausdruck recht gut mit dem Worte „Humor" wiedergeben, denn er besagt nichts weiter, als daß der Lustspieldichter bestrebt sein soll, bei seinen Personen die humoristische Seite zur Darstellung zu bringen.

Im „Essay of Dramatick Poesy" hat Neander das, was unter „Humour" verstanden werden soll, genauer definiert. Nach ihm ist „Humour": „the ridiculous Extravagance of Conversation wherein one Man differs from all others" (Bd. I. p. LXXVI), oder: „some extravagant Habit, Passion or Affection, particular to some one Person: By the Oddness of which he is immediately distinguish'd from the rest of Men." (Bd. I. p. LXXVII).

Wie Dryden in der Vorrede zu „An Evening's Love" (Bd. II. S. 4) weiter ausführt, verstand es besonders Ben Jonjon*), den Humor bei seinen Personencharakteren zum Ausdruck zu bringen.

Derselbe Ben Jonjon vermochte es dagegen nicht, fügt Dryden gleich darauf hinzu (ibid. S. 6), dasjenige, was letzterer als „Wit" bezeichnet, in seine Stücke hineinzulegen.

Die Darstellung und Verspottung der lächerlichen und komischen Eigenschaften, heißt es dann weiter (ibid. S. 6), die von den Personen zur Schau getragen werden, ist viel leichter, als vom bloßen Verspotten und Lächerlichmachen abzusehen und den Dialog geistreich durchzuführen.

---

*) Bei Dryden Johnjon geschrieben.

Dryden bezieht sich gelegentlich dieser Ausführung auf Quintilian. Bei letzterem lauten die betreffenden Stellen:

„neque enim acute tantum ac uenuste, sed stulte, iracunde, timide dicta et facta ridentur, ideoque anceps eius ei ratio est, quod a derisu non procul abest risus."

(Ab. II. S. 522 f.)

Und:

„stulta reprehendere facillimum est, nam per se sunt ridicula, sed rem urbanam facit aliqua ex nobis adjectio.

(Ab. II. S. 581 f.)

§ 27.

Der Zweck und die Wirkung des Lustspiels.

Der erste Zweck des Lustspiels ist der, zu unterhalten: so heißt es in der Vorrede zu „An Evening's Love" (Ab. II. S. 10). Daneben aber soll diese dramatische Schreibart durch das Lächerlichmachen der Thorheit den Zuschauer von solcher Thorheit reinigen (ibid.).

Die letztere Wirkung ist in den meisten Fällen eine sekundäre. Zuerst lacht der Zuschauer nur, ohne sich der eigenen, den dargestellten ähnlichen Fehler bewußt zu werden. Dann aber kommt ihm doch der Gedanke, daß auch er nicht ganz frei von der Thorheit ist, die ihn eben zum Lachen reizte. Er schämt sich nun solcher Fehler und sucht ihrer Herr zu werden (ibid.).

Sidney, der ja nicht ohne Einfluß auf Dryden gewesen ist, hat sich ähnlich über die Art und Weise verbreitet, wie die Komödie ihre heilsame Wirkung ausübt. Er sagt in der „Defence of Poesie" (S. 31 f.):

...... onely thus much now is to be said, that the Comedy is an imitatiō of the cōmon errors of our life, which he represententh in the most ridiculous and scornfull sort that may be: so as it is impossible that any beholder can be content to be such a one .... And litle reason hath any man to say, that men learne the euill by seeing it so set out, since as J said before, there is no man liuing, but by the force truth hath in nature, no sooner seeth these men play their parts, but wisheth them in Pistrinum, although perchance the sack of his owne faults lie so behinde his backe, that he seeth not himselfe to dance the same measure: wherto, yet nothing can more open his eies, then to see his owne actions contemptibly set forth."

§ 28.

Die niederen dramatischen Dichtungsarten.

Was die niederen dramatischen Dichtungsarten, die Farce und die Oper betrifft, so sind Drydens Bemerkungen von untergeordneter Bedeutung. Er spricht eigentlich nur seinen Abscheu über die Possenreißerei der einen aus — beispielsweise im Prolog zum ersten Teile von „The

Conquest of Granada" (Bd. III) — und erwähnt von der andern in der Vorrede zu „Albion and Albanius" (Bd. V), wie sie entstanden ist und daß Götter und Schäfer für sie die rechten Charaktere sind.

§ 29.
Die Satire.

Ueber die Satire hat sich Dryden in einem eigenen „Discourse on Satire" ausgesprochen.

Er sagt aber eigentlich auch über diese weiter nichts, als daß sie wie ein Heilmittel zu behandeln sei und keineswegs dem Dichter Gelegenheit geben dürfe, daß er mit Schimpfworten um sich wirft. Boileau in seiner „Art Poétique" und Rapin (tome II. p 203 ff.) stehen ihm dabei mit ihren eigenen Aeußerungen zur Seite.

Im „Discourse on Satire" hat sich Dryden in eine breite Behandlung der Frage nach dem Ursprunge der Satire eingelassen, wobei er die diesbezüglichen Aeußerungen des älteren Scaliger, des Casaubon, des Rigaltius und des D'Acier sorgfältig gegen einander abwägt. Der Versuch einer Darstellung der Ansichten Drydens über diesen Punkt und über seine Gewährsmänner dabei würde auf einen Auszug aus dem „Discourse on Satire" herauskommen.

§ 30.
Das Epos.

In der Widmung zu den „Translations from Juvenal" (Poetical Works. Bd. IV. S. 199) stellt Dryden das heroische Gedicht, das Epos, noch über die Tragödie. Er sagt:

„an heroique poem is certainly the greatest work of
human nature. The beauties and perfections of the other
(tragedy) are but mechanical; those of the epique are
more noble."

Und:

„To proceed, the action of the epique is greater, the
extention of time enlarges the pleasure of the reader, and
the episodes give it more ornament, and more variety" (ibid.)

Als Gleichdenkende bezüglich der Wichtigkeit des Epos zieht Dryden an einer anderen Stelle, in der „Apology for Heroick Poetry and Poetick License" (Bd. IV S. 4) Boileau und Rapin heran. Er nennt die beiden bei dieser Gelegenheit die größten lebenden französischen Commentatoren des Aristoteles, und dann hebt er Rapin noch besonders hervor: „The latter of which is alone sufficient, were all other Criticks lost, to teach anew the Rules of Writing."

Rapin und Boileau haben der epischen Poesie in der That den ersten Rang eingeräumt.

Ersterer sagt in seinen „Réflexions sur la Poétique" (tome II p. 161):

„Le Poëme Epique est ce qu'il y a de plus grand et
de plus noble dans la Poësie."

Und Boileau äußert dasselbe in seiner „Art Poétique":

„D'un air plus grand encor la poésie épique
Dans le vaste récit d'une longue action.
Se soutient par la fable, et vit de fiction."
(v. 160 - 162.)

Der Hauptzweck einer epischen Dichtung ist der, Bewunderung hervorzurufen, wie Dryden in der Widmung zu den „Translations from Ovid's Metamorphoses" (Poetical Works, Bd. III. S. 371) hervorhebt.

In dem Briefe, welcher „Annus Mirabilis" zur Vorrede dient (ibid. Bd. I. S. 79), verlangt Dryden auch, daß in einem epischen Gedicht nur eine einzige Handlung sein soll.

Auch das epische Gedicht kann indes, wie in der Vorrede zu „Hind and Panther" (ibid Bd. II. S. 8) dargelegt wird, mehrere Episoden enthalten, nur müssen diese Episoden mit der Haupthandlung im Zusammenhange stehen.

Ebenso beurteilt auch Rapin die Episoden des epischen Gedichtes:
„C'est particulièrement par l'art des Episodes", heißt es bei ihm (tome II. p. 166), qu'on fait entrer dans l'action principale cette grande variété de matières, qui servent à l'ornement du Poëme. Mais quoy que l'Episode soit une espece de digression du sujet, estant une avanture tout-à-fait estrangere, qu'on ajoûte à l'action principale, pour l'embellir; il doit toutefois avoir une liaison naturelle avec cette action, pour en faire un ouvrage qui ait de l'ordre et de la proportion."

§ 31.
Die Uebersetzung.

Es handelt sich noch darum, Drydens Ansicht über die Art und Weise zu erwähnen, wie ein Schriftsteller in eine fremde Sprache zu übersetzen ist. Seine Darlegungen auf diesem Gebiete sind nicht unwichtig, weil er selbst als Uebersetzer unter seinen Zeitgenossen einen bedeutenden Rang einnimmt.

Die verschiedenen Arten der Uebersetzung bespricht Dryden hauptsächlich in den Vorreden zu den „Translations from Ovid's Epistles" und zu den „Translations fom Theocritus, Lucretius and Horace".

In der Vorrede zu den „Translations from Theocritus, Lucretius and Horace" erwähnt er gleich am Anfange (Poetical Works, Bd. II. S. 511 f.), daß er besonders dem „Essay on Translated Verse" des Lords Roscommon viele Winke verdankt, und in der Vorrede zu den „Translations from Ovid's Epistles" (Poetical Works, Bd. IV. S. 82) nennt er Cowley als denjenigen, der den Weg zu richtiger Behandlung eines fremden Autors gewiesen hat.

In der letzteren Vorrede verlangt Dryden (S. 84 f.) von einem guten Uebersetzer, daß er sich gänzlich dem Geiste seines Originals anpassen soll. Er soll womöglich jedem Gedanken, dem er in letzterem be=

gegnet, die gleiche sprachliche Einkleidung geben und soll jedenfalls den Sinn nicht verändern.

Ein Gleiches verlangt Roscommon in dem „Essay on Translated Verse" (Poetical Works, S. 39):

„Examine how your humour is inclin'd
And which the ruling passion of your mind:
Then seek a poet who your way does bend
And chuse an author as you chuse a friend.
. . . .
Your thoughts, your words, your styles, your souls agree
No longer his interpreter, but he."

In derselben Vorrede (S. 80 f.) weist Dryden darauf hin, daß die entsprechenden Worte der eigenen Sprache im Gegensatze zu denjenigen des Originals barbarisch, zuweilen sogar geradezu unsinnig sein können. Das Beschränken auf eine allzu genaue Wiedergabe würde hier unklug sein; in solchem Falle genügt es vielmehr, wenn nur der Sinn unverletzt bleibt.

Dasselbe sagt Roscommon:

„He only proves he understands a text
Whose exposition leaves it unperplex'd
They who too faithfully on names insist
Rather create than dissipate the mist."
(Poetical Works, S. 47.)

Und:

„Words in one language elegantly us'd
Will hardly in another be excus'd
And some that Rome admir'd in Caesar's time
May neither suit our genius nor our clime:
The genuine sense, intelligibly told,
Shews a Translator both discreet and bold."
(ibid. S. 48.)

Dryden unterscheidet drei Arten der Uebersetzung. Er beschreibt sie in der Vorrede zu den „Translations from Ovid's Epistles" (Poetical Works, Bd. IV. S. 79 f.):

„All translation, J suppose, may be reduced to these three heads: First, that of Metaphrase, or turning an author word by word, and line by line from one language into another.

The second way is that of Paraphrase, or translating with latitude, where the author is kept in view by the translator, so as never to be lost, but his words are not so strictly followed as his sense; and that too is admitted to be amplified, but not altered.

The third way is that of imitation, where the translator . . . . . assumes the liberty, not only to vary from the words and sense, but to forsake them both as he sees occasion, and taking only some general hints from the original, to run division on the ground work, as he pleases."

Aufgebracht hat die letzte Art der Uebersetzung, wie Dryden bei dieser Gelegenheit (ibid. S. 80, 82) bemerkt, neben Denham vor allem Cowley, der diese Art mit dem Ausdrucke „rendring authors" bezeichnet und sie mit großem Geschick bei seiner Pindarbearbeitung angewandt hat.

Cowley verteidigt seine Ansichten in der Vorrede zu seinen pindarischen Oden in folgender Weise:

„If a Man should undertake to translate Pindar Word for Word, it would be thought that one Mad-man had translated another . . . . . We must consider in Pindar the great Difference of Time betwixt his Age and ours . . . . . the no less Difference betwixt the Religions and Customs of our Countries and a thousand Particularities of Places, Persons and Manners. . . . . And when we have considered all this, we must needs confess, that after all these Losses sustained by Pindar, all we can add to him by our Wit or Invention (not deserting still his subject) is not like to make him a Richer Man than he was in his own Country. This is in some measure to be apply'd to all Translations; and the not observing of it, is the cause that all which ever I yet saw are so much inferior to their Originals . . . . It does not at all trouble me that the Grammarians perhaps will not suffer this libertine way of rendring foreign Authors, to be called Translation: for I am not so much enamour'd of the Name Translator, as not to wish rather to be Something Better, tho' it want yet a Name."

(Works. Bd II. S. 4.)

Die beste Art zu übersetzen, ist nach Drydens Ansicht diejenige der Paraphrase, denn er sagt in der Vorrede zu den „Translations from Ovid's Epistles" (Poetical Works Bd. IV S. 84):

„Imitation and verbal version are in my opinion the two extremes which ought to be avoided."

Für Dryden ist es durchaus charakteristisch, daß er die griechischen, lateinischen und französischen Poetiken sehr wohl kennt. Von seinen englischen Vorgängern hat er nur wenig entlehnt, trotzdem ist es wohl zu bemerken, daß er den Franzosen gegenüber immer den Engländer herauskehrt. Die Franzosen haben eben auch an ihm keine völlige Eroberung gemacht, und man kann nicht alles, was die pseudoklassische Aesthetik des achtzehnten Jahrhunderts gezeitigt hat, auf die Rechnung Drydens setzen. Ein Teil jener Früchte indes ist aus dem Samen entsprossen, den Dryden in seinen Vorreden ausgestreut hat.

Lebenslauf.

Am 5. Mai 1866 wurde ich, Christian Adolf Franz Weselmann, evang. Konfession, zu Harburg an der Elbe geboren. Ich besuchte die Realgymnasien zu Harburg a. d. Elbe und Lüneburg. Ostern 1885 bestand ich auf letzterer Anstalt die Reifeprüfung und widmete mich dann bis Michaelis 1885 in München und bis Ostern 1890 in Göttingen dem Studium der neueren Sprachen.

Die Herren Breymann, Carriere, Güttler, v. Prantl, Riehl sind in München, die Herren: Andresen, Baumann, Bechtel, Brandl, Cloetta, Heyne, Lector Koeune, G. E. Müller, Roethe, Vollmöller, A. Wagner in Göttingen meine Lehrer gewesen.

Ihnen allen, besonders Herrn Professor Dr. Brandl, bin ich für manche Förderung und Anregung zu großem Danke verpflichtet.